U0928806

云南百位历史名人传记丛书

中共云南省委宣传部◎编

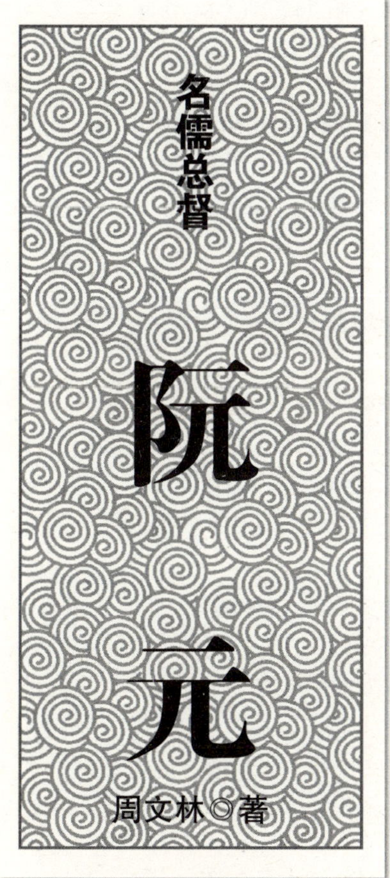

云南出版集团

云南人民出版社

图书在版编目（CIP）数据

名儒总督——阮元 / 周文林著. -- 昆明 : 云南人民出版社, 2016.11
（云南百位历史名人传记丛书）
ISBN 978-7-222-15083-6

Ⅰ. ①名… Ⅱ. ①周… Ⅲ. ①阮元（1764–1849）–传记 Ⅳ. ①K827=52

中国版本图书馆CIP数据核字(2016)第269280号

出 品 人：李　维
　　　　　胡　平
责任编辑：谢学军
　　　　　黄　柔
装帧设计：马　滨
责任校对：王　燕
责任印制：杨　立

书名　名儒总督——阮　元
作者　周文林
出版　云南出版集团　云南人民出版社
发行　云南人民出版社
社址　昆明市环城西路609号
邮编　650034
网址　http://ynpress.yunshow.com
E-mail　ynrms@sina.com
开本　787mm×1092mm　1/32
印张　5.25
字数　92千
版次　2016年8月第1版第1次印刷
印刷　昆明卓林包装印刷有限公司
书号　ISBN 978-7-222-15083-6
定价　22.00元
如有图书质量与相关问题请与我社联系
审校部电话0871-64164626印制科电话0871-64191534

《云南百位历史名人传记丛书》

编委会名单

总　序

丛书编委会

历史长河浩浩荡荡！中华文明自滥觞至汇聚千流，涵纳万水，奔腾迭起，云蒸霞蔚，延五千年之长史，至今生机勃然，是迄今世界上唯一保持完整且衍传有序、光耀于人类的伟大文明。

习近平总书记指出：一个国家、一个民族的强盛，总是以文化兴盛为支撑的。中华民族是具有非凡创造力的民族，我们创造了伟大的中华文明，实现中华民族伟大复兴的中国梦，必须弘扬中国精神。以爱国主义为核心的民族精神，以改革创新为核心的时代精神，是兴国之魂，强国之魂。

云南，是祖国西南神奇、美丽、富饶的宝地，是中华文明中极具特质和创造潜力的丰美之乡。云南少数民族文化是中华民族文化的重要瑰宝。长期以来，云南大地上，各民族和睦与共，相濡相生，共同创造了色彩瑰丽、形态多元、底蕴厚重、影响深远的历史文化，为我们留下了珍贵的精神遗产。人，是历史的镜子，是历史最生动的环节，人民是历史的主人和创造主体。在人类历史的进程中，一个个不同时期的代表人物产生过一些不同的影响。“云南百位历史名人传记丛书”就是这样一丛历史的记录，一百位历史名人，虽未必尽能概全，各位历史人物的代表性也不尽相同，但都是“追梦人”，是振兴民族伟大理想的传薪人、探索者和实践家。

在这些代表人物中，无论是拓土开疆的将帅勇者，还是蹈海酬志的大国使节；无论是志于传播文明的鸿儒巨擘、先哲贤士，还是为民族独立解放而高歌猛进、慷慨捐躯的群雄英杰，都贯注了这一重要精神。正是以他们为代表的云南各族人民创造并抒写了可歌可泣的英雄史章，熔铸了坚韧不拔、奋为人先、包容博大、敢于担当的精神品质，才使云南在中华文明的长史中闪耀着特有的光辉。尤在近代中国，在辛亥护国风云中，在反对外辱保卫祖国边疆维护民族尊严、抗击日本法西斯侵略中，云南站在历史前台，以中华群雄的不屈身影演出了一幕幕豪迈悲壮的历史大戏，也更涌现了一批足以彪炳史册、光照后人的杰出人物。这一切，给予中国历史进程深远的影响。

今天，实现中华民族伟大复兴之梦，谱写富民强滇中国梦的云南篇章，需要以中华文化发展繁荣为重要条件，这就需要接续这一光荣而伟大的精神传统，在继承中创新，在创新中发展，在发展中超越。云南正处于一个新的历史起点上，需要大力挖掘历史文化资源，聚合更强大的精神动力，为推动我省科学发展、和谐发展、跨越发展凝心聚力。为此，我们组织省内外专家学者编写出版了“云南百位历史名人传记丛书”。这对加强我省各族人民，尤其是青年一代对历史的了解、认同，爱国爱乡爱民并甘于奉献，对提升优秀精神品质，形成团结奋斗的共同的思想基础，坚定推进富民强滇的信心和决心，显然有着重要的现实意义和切实的助力。

一百位历史人物，所处历史时期并不相同，其历史作用也有差异，甚至就个人的全面历史评断方面也难以等量趋同。但我们以为这些留存于史籍的人物，所以传扬至今，为后世崇奉，均有他们共同的历史向度和价值取向，我们学习这些历史人物，至少应当着重于以下几个大的方面，即：“守大德、重大义、集大成、有大度、达大观”。

守大德，即恪守道德规范。“德者，本也。”（《礼记·大学》）“大德”既是国家民族的根本利益所在，也是中国文化中最核心的价值理念及标准。古语“行德则兴，背德则崩”，不仅是资政经验，也是个人修习完善的根基。所谓“厚德载物”，直观的理解，就是如果德行浅薄，是不能兴物成事，更不能造就伟大功业的。云南历史文化名人，大多以德立身，大节不移，并对此恪守坚定，一以贯之；始终保持正确信念和理想，并为之奋斗到底。这是我们首先要学习尊崇的。

重大义，即以国家民族利益的需要为个人行为取舍的标准。有大义，才有大爱。这些先贤无不爱云南爱乡土，以兴业乡梓、造福一方为己任。尤在国家民族命运攸关、生死存亡的关头，这些令人崇敬的先辈，大义擎天，逢难不避，敢于担当，责无旁贷，勇往直前，不惧牺牲。一个心存天下大公的人总会在不经意的一瞬决定大义的选择，这是社会进步的希望所在，更何况实现中华复兴的伟大梦想，还有很多异常艰危的事业在等待我们去克难攻坚。所以，举凡大义、为民为国、全身而进的精神是我们应当效法崇尚的。

集大成，“知类通达，强立而不反，谓之大成”。这些历史人物留下的足迹，予人深刻启迪。他们无论是出将入相，还是布衣一袭，均勤学不辍，求索不止，在追求真理和知识的道路上刻苦务实，义无反顾，永无终期，故能成大器，胜大任，不辱使命。今天，世界进入知识信息时代，软硬实力决定一个国家能否赢得发展机遇，乃至自立于强国之列的地位。其紧迫性不亚于先辈梦想中国富强的百年期许。但今天所谓“集大成”，是更高更大更具有生存挑战性和发展战略性的，是集世界之“大成”，集政治经济、科技文化、制度建设、社会发展等一切领域“总成”，玉成中国梦的空前伟大的事业。所以，先人刻苦自律、博学精进的学习精神我们应当秉持继承。

有大度，即要有开放包容的胸怀。云南历史文化名人的一个共通品质，也是一个显著特点就是，即使身处僻远，总能破除狭隘与陋见，以宏大度量，兼容并包，接纳先进，吸收优异，团结一切可以团结的力量，聚合一切可以聚合的资源，总成一股创造历史的宏大动力，来完成伟大的事业。哪怕是割股舍己，也在所不惜。今天，云南要实现跨越式发展，保持开放包容的胸怀尤其重要。所以，先辈“天下云南”的大度我们应当弘扬光大。

达大观，即要眼观天下，达察全局，与时俱进，审时知变，敢为人先。推动云南社会历史进步的代表人物，无不目光远大，胸怀全局，对世界潮流、时代嬗变，都能审视洞悉，并欣然顺应规律，故能在历史转折的关键时刻做出正确选择，成就改天换地的一番伟业。古语有“小智自私”“达人大观”，是将为个人谋私的小智谋与担当天下兴亡的大智慧尖锐对比而言的。否则，“兴也忽焉”。一个为民为国而应用心智的人，必然有达观天下的心怀，也由此激发潜能、超迈寻常，而使人生境界也更加美好而宏丽。遍观世界文明史，许多影响人类进步的伟大创新，正是以此为动力和起点的。今天，中国经济社会的快速发展，国家的日益强大，正为实现中华民族伟大复兴的中国梦开拓了无限广阔的道路，也为个人实现自身价值创造着更加富实的前景。所以，先辈们达观天下的精神我们应当引为楷模。

我们对志向高远、仰观天下、俯察民情、甘为路石、慨当以慷、求真务实的历史名人，心存景仰，并愿与千千万万的读者，尤其是青年朋友一道学习弘扬。

组织编撰“云南百位历史名人传记丛书”是一项重要的文化工程，编撰出版人员都做出了艰苦的努力，但由于众手修书，书稿层次不一，成书体例难以做到完全一致，对存在的不足敬请读者批评指正，我们将虚心接受，并在修订再版时一并吸纳修改完善。

《名儒总督》卷首语

在省外，他誉满天下，朝廷表彰，省民请奏为之立专祠，士林奉之为山斗，所谓“三朝元老、九省疆臣”“学术护法神”……

在省内，人们认同他有嘉德懿行，无查劣迹，却鲜知其人其事，与我们渐行渐远，留下一个令我们哈哈一笑的诨号“阮烟袋”，留下一个不伦不类的形象“不通”之人……

其实，阮元任兵部尚书衔，有兴兵之才：打击海匪，保中国海疆平安；守护广东海防，让英国人很是无奈；是中国最早的禁烟总督（早于林则徐）；他是云贵第一军事长官，守卫南疆平安，有上将本色。阮元是文史淹通的大学者，总结清代学术成果的学术著作有“五层楼高”。阮元有惠于云南文化建设，一句“春风先到彩云南”，铸就了大美云南的风骨；他为官云南的政绩，自呈良臣风采……他真的不是庸官凡吏，更不是“笑煞孙髯翁”（昆明民谣）的丑角……云南是该有篇长一点的《阮元评传》了。

目录//MULU

◆ 云贵总督阮元

002／离粤入滇
009／将军神采
024／“平安”滇督
035／干练疆臣
052／中国最早的禁烟总督

◆ 乾嘉学派“重镇”阮元

066／从“不通”说起
076／编修（道光）《云南通志》
092／诗化彩云南
108／遥编《皇清经解》
117／在滇金石考
131／苍洱情深《石画记》

◆ 参考文献

第一章

云贵总督阮元

离粤入滇

公元1826年下半年的一天，道光皇帝一道圣旨，将两广总督阮元调往中国大西南任云贵总督。

封疆大使的调任，历来备受关注，于当事人、于社会各界，均颇多想法及猜测。譬如，世俗的想法是，两广和云贵哪里更为朝廷看重，哪里更为富庶？以我们现在的看法，当然是两广比云贵要强，云贵属西部省区,待开发。自然清朝也会有类似的看法，因为古代有一句俚语说“湖广熟，天下足”，意思是湖南、湖北、广东粮食丰收了，整个中国的“民之食”便丰足了。

这个看法的潜台词便是，是不是阮元在皇帝面前失宠了，贬到山高水远的云南去做官了？况且这一年阮元63岁，已属高龄为官，是不是皇帝让他在退休前在云南过渡一下后，下台得体面一点？

这些想法倒不是阮元的想法，那显然太花花肠子了。

清朝那些有官德、抱负、理想的官员信奉的是：“苟利国家生死以，岂因祸福避趋之”（林则徐诗），意思是凡是国家需要的，不可因个人利益改变，如同文革期间，凡事我们总想到“为人民服”一样，不能老想自己有什么得失。那么，难道阮元就没有自己的想法吗？应该是有的，因为他是一个大活人。那么，阮元想到的会是些什么？我们从史料上可了解到，总督两广，是阮元为官生涯中颇为辉煌的年代，可谓顺风顺水，可谓风生水起，政务建树、外事建树、军事建树、文化建树堪称著显。史料《御制晋加太傅衔致仕大学士阮元》祭文称他“文通武达”便是证明。因此，面临调职云南，他有一个想法是真实的，那就是他实在是不想离开广东，他对这个舒展官场抱负，构建为官政绩的巨大平台是很有感情的。

查史料，他是在嘉庆二十一年丙子（1816年）53岁起即担任湖广总督，说起来，与广东有10年之交了。对于我们于此写的舍不得离开广东之说，阮元的儿子阮福曾在《阮元年谱》中明确记载，原话为“有不忍别粤民意。”

另外，阮元在广东是文化兴粤的一代名臣，文政之显，封疆大吏中实属罕见。他在广东建学海堂、三水行台书院，修《广东通志》都是广东文化史上的可碑之事，可称之为昌兴广东文运，开岭南学风的一代盛举。在乾嘉时代，学界认为“岭南地处偏远，相对文化学术繁荣的江南而言，它在中国历史尚属文化不发达地区。”阮元入主广东为1816年～1826年间（1816年阴历十一月十三日被授湖广总督），前面已说过可累计为10年时间。其时，他看到广东“束书不睹，不立文字之流弊”（也即不爱读书，不著书立说的毛病），在当时广东形成空疏的学风，几乎掩盖了明代广东大学者陈献章，湛若水熠射过的理学光芒，于是他在广东大兴汉学，培养人才，使得“岭南学风为之一新，连年科名鼎盛”。嘉道年间，竟出多名广东籍状元、探花。阮元对广东跃出人才的局面很满意，写出“文运三元西粤开，几年连向粤东来”的诗句志贺。他又吟诗道：“诸君说我多桃李，五管春风见六回”（诗句均引自陈居渊先生大著焦循阮元评传第454页），说明人才一多，百姓高兴，士子满意，老师受尊崇。阮元在广东的文教座主的地位，真是“文通人和”。阮元和广东的儒生士子相处极好，他和文化人结下了深厚的友谊，阮元这样的文化品位至醇的人，受到广东文化界的推崇，“不忍别”广东当属情理中事。一般而言，官员的行踪，逃不过文化人的记载，而劣行尤是。但广东文化界对阮元却是一片赞扬（这与阮元在云南文化界的境遇颇有不同，这将在后文提及）。广东越华书院山长刘朴石，即是一位“歌德派”人士，他曾放言称赞阮元在广东的诸多善好，云：

> “我朝百九十年来，名卿宰相帅广之久于其位，而盛名足以压百蛮，明略足以训群吏，慈惠足以洽黎庶，学问足以式秀髦，威令足以整师旅，系人去思不已者，惟宫保大司马阮公为最。”
>
> （张鉴等《阮元年谱》第154页）

这段话，敬重之情，溢于言表，特被阮元之子收录，说明，在当时，深深打动了阮元之心，使他不能忘怀广东文人对他的友善。

而阮元除了情感上不忍离开广东的原因外，还有一件实事也让他放心不下，那就有清一代的巨大文化工程《皇清经解》（又名《学海堂经解》）计书180余种尚在编辑未竣之中，这是他学术生涯中的一桩大事，也是确立他以实力打出清代经学大师地位的“组合拳”中的又一记历史性学术重拳，他曾为此延揽人材，苦心经营，只是工程浩大，尚未完成便要离开广东，岂能不悻悻然惦记，于心难安、难忘?

至于说阮元以63岁高龄入滇是否有贬谪之意，回答是肯定的，此事绝无。史料记载，在阮元经历的乾隆、嘉庆、道光三朝，都备受皇帝器重，简直是沐浴在浩荡皇恩的春风之中。于此我们专作叙述。

乾隆皇帝是清朝最有作为的人物，识人做事均有过人之处，阮元在他手下开始步入官场的。阮元在乾隆五十六年（1791年）28岁参加散馆，也即翰林院庶吉士的甄别考试时，被乾隆皇帝发现，看了阮元的试卷，这位又被称为清高宗的皇帝称“第二名阮元比第一名好，疏更好，是能作古文者。”又在乾隆五十六年（1791）二月十五日后见军机大臣时说：“阮元人明白老实，像个有福的，不意朕八旬外又得一人。”（此话可见诸《阮元年谱》）这位高宗皇帝因为发现阮元，已是得意洋洋。以后，乾隆皇帝把阮元由七品官，升三级而为四品官的

“少詹事”，又多次赏赐阮元御笔親题轴，福字以及元代、明代名人画册、尺牍，还有端砚、茶瓯、磁盌等器物以示嘉许之意，于乾隆六十年（1795）八月二十四日下旨调任浙江学政。此年阮元三十二岁。学政，又名提督学政，督学使者，俗称学台。学政之职，大体由“进士出身的侍郎、京堂、翰林等充当”，官阶有三品的、四品的、五品的不等，《清朝文献通考·职官考》认为学政“掌一省学校士风之政”。学政享受“钦差”待遇。“不论官职大小，一律同督抚平行。”忝列高官无疑。

乾隆之后的嘉庆、道光皇帝，继续重用阮元，并在多个省份先后担任过学政、巡抚、总督之职，又曾任过几个部的侍郎（相当于副部长）、漕运总督。受封高官之外，我们还查到阮元受到皇帝的赏赐、接见竟有几十次之多。查史料可知，仅嘉庆二十四年（1819）七月阮元五十六岁入京师至十一月，皇帝召见他共“十一次”之多。道光九年（1829）阮元在京共28日，被皇帝召见十次，说明君臣关系极好。

嘉庆五年二月，皇上曾称赞阮元在浙江巡抚任上“颇能整饬、守正才优”，又说“朕心甚慰”，希望阮元“为国宣力，成一代伟人”。“一代伟人”不是一个随便可说得出口的话，但嘉庆皇帝说了，可见寄托厚望。嘉庆皇帝的这些赞语，我们可在《阮元年谱》中查到。

清朝皇帝为拉拢人心，对宠臣进行赏赐是一种十分频繁而又有趣的官场景观。阮元在这方面的经历，次数多不说，赏赐的物品也是五花八门，我们于记载中看到阮元受道光皇帝的赏赐物即有“大荷包一对”“小刀一柄”“小漆盘一个”“湖镜一面”“铜手炉一个”“葫芦槟榔盒一个”“三镶如意一枝”“帽纬二匣”“莲头香一匣”“赐酒一玉杯”“大卷八丝缎一疋”“大卷素缎一疋”“小卷江绸一疋”……反复赏赐，品类繁多，娘气十足呵！宠重之情尽在其中。

阮元备受皇帝重视（古代称之为恩宠）的事，还有就是一次又一次地赏赐他品尝肉、山鸡、鹿肉及“祭肉”及视为最高礼遇荣耀的参加“鹿鸣”之宴。《辞海》解释“鹿鸣”是《诗·小雅》的第一篇，是贵族的晏会诗，后指帝王“（设）宴群臣嘉宾的乐歌。”清代的“鹿鸣”之宴，即皇帝在特殊重要的日子，为元老级大臣、有功大臣、皇亲国戚设置的宴会。

参加宴会及当面赏赐食肉，无疑有“口福”之乐，但若是皇帝实施“隆恩”要把肉食赏赐于远在京外的阮元，那阮元家遇到的麻烦便滑稽有趣了。大体情形是，皇帝的赏肉由太监们送到阮元在京的住处，得由阮家的人把赐肉重盐腌好、包好，再转辗千里，交到阮元手上，再于现场烹牛宰羊杀鸡掺和之，由全家分烹。其时，免不了谢主隆恩的象征性叩拜及说一些感激帝皇的颂词，那真叫名副其实地“吃政治饭”，一定不会有多少美食的快乐。类似笑话的皇帝赏赐阮元吃肉的事件，曾被记录在文案中。道光十八年（1838）正月二日，阮元的儿子接到圣旨，说是皇帝先是“赏肉一方”，又是“赏肉一盘”。一方肉尚好处理，一盘肉则很难处理，因为阮元已离京回扬州，这盘肉经17天的星夜远途护送，于正月十九日送到扬州。想来，那盘中之肉其气味不大可能再是醇香一格。咋办呢？臭了也得领，因为这肉它臭得“高贵”，捏着鼻子吃吧！笔者见过轶事记载吃皇上赏肉时要宰牛熬和，或许为的就是要弱化臭味？《阮元年谱》记载，肉到扬州后，阮元“叩头祇领”“率阖家跪食沾恩”。看来，皇帝的赏肉真不好吃。

交代以上，知阮元到云南，决非是贬谪，而是一种重用，虽系平级调动，但在清王朝最高统治者看来，云南决不是一个轻易放心的地方：元朝云南是“元跨革囊”击破前朝的战略要地。云南行省也是在元朝设立的。明朝之初，云南是元朝在西南残存的基地，明末云南又有南明朝与清军的对抗。清朝，吴三桂经营云南，清王朝的鼎砥之臣到云南征缅……所以，云南是中国清王朝不可或缺的地方，云贵总督是清廷不可多时或缺的要员。云贵总督管的地方也不小，清代，一度兼管广西的一些地方。因此，道光皇帝叫阮元急忙到云南上任便是，连任职前惯例的“来京请训”均不必再行。

后来，阮元在云南任职后期，又调入京城，担任中央王朝相当于宰相级职务，更说明，入职云贵总督，不是什么官运沉降之事。与阮元任云贵总督同期任云南巡抚的伊里布，后来被重用成为清王朝的核心层人物，也可以佐证此事。还应讲述几句的是，阮元是在晚年后仍然受宠的一名大臣，比之清代名声显赫的年羹尧、张廷玉、翁同龢等人颇不同，明代云南杨一清退休后还不平安。阮元去世后谥文达，后世称之文达公。清代高官学人认为文达大有来历："勤学好问曰文，质直好善曰达"。达，还被视为"圣贤道德之始"，含义是"士大夫智类通名，所办事情有功于国家。"阮元在清王朝中，生前身后均荣宠。

至于阮元到云南任职时，有63岁，现在看来岁数是大了一点，但古代任封疆大吏的年龄真的不是什么问题，如赛典赤·赡思丁也是63岁任云南行省平章政事的，而林则徐是于62岁上任云贵总督的。

阮元此次接任云贵总督，是因为前任总督赵慎畛未及任满而去世，赵慎畛死于滇督任上是65岁，他是道光五年（1825），即早阮元一年调入云南的，时年64岁，大阮元一岁。赵总督是清朝资深大臣，任职云贵总督时间不长，但口碑极好。云南名人钱沣在他的家乡湖南任过学政，称他是"人英也。"

将军神采

总督，清朝又称"制军"，既管民政，又管军政。云贵总督阮元，有时也被云南人称为"阮制军"，如同云南史料中，常称云贵总督林则徐为“林制军”一样。查史料，阮元在60岁时，已有兵部尚书衔。如一代诗人龚自珍写过一篇文章《阮尚书年谱第一序》中就直称阮元的第二个头衔为“兵部尚书”。查清代律例，各省有的总督，也兼兵部尚书衔。阮元在云南，已加兵部尚书衔，当无疑。

一般人认为，阮元是文人，一般很难把他和兵事联在一起去评说。其实，阮元与兵事大有关联，称其为“制军”决不是浪得虚名，他在多省任督抚，实有大将风范、将军神采。阮元年轻时，也不以为自己是纯书生。他留在《揅经室四集·诗·卷四》《题陈默斋参军文凝摊书图》中的诗中有如下句子：

安澜园外暮潮平，数遍藏书又论兵。
我与将军同意气，半为将种半书生。

（陈居渊《焦循·阮元评传》第437页）

很显然，他认为自己藏书又论兵，文武之气兼有，各占一半——“半为将种半书生”——颇有轩昂豪迈之气。

知兵尚文的人，是武将军中的极品，又是文将军中的极品，当代如毛泽东、陈毅即是，古代文天祥、陆游、辛弃疾、陈亮等即是。中国古代认为，只知武的人，失之于粗悍好斗，只知文的人，失之于酸腐怯懦。唐人杨炯则认为文人不如武夫，他的《从军行》说：

宁为百夫长，
胜做一书生。

阮元不想做纯书生，透出他期望以“将军意气”建功立业的报国理想。

阮元与兵事相关，有家族渊源记载。据郭明道教授《阮元评传》载著：元代，阮家以“武功显世”。明朝，阮元的二世祖是“明威将军”，三世祖是“榆林巳正兵千户”。清康熙年间，阮氏家族出过“武进士”。阮元的祖父阮玉堂曾任河南卫辉营参将，是一名职业军人。阮元35岁时补授兵部右侍郎，前面说了，他后有兵部尚书衔，再于道光十五年（1835年）奉皇上之谕“管理兵部”。

阮元具有军事才能，惜为文名所掩，留存人世的形象只是书生。我们查阅史料，阮元在兵事上屡有建树，在浙江、两广、云贵都留下兵事美传。据复旦大学陈居渊教授大著《焦循·阮元评传》（第467页）考证，道光十三年（1833），阮元入主云贵已是7年，时年已达70岁，他写下一首《和香山知非篇》，自述自己几十年的宦海生涯，“浙粤到黔滇”，不过办了两件大事——“筹海与镇夷”。仔细推敲，这“筹海与镇夷”，即为政务，又为军事，军务成份更大，也即他在巡抚总督的高位上，屡履军功保国之职。

阮元到达昆明，有记载他勤于军务，遍阅驻滇清军各协各镇之事。这自然是云贵“制军”职责所必须，也说明他重视军务，深知保国安边必须严于治军的道理。

梳理史料记载，阮元于道光六年（1826）9月18日进昆明，两个月后，即到开化镇阅查军务，这是因为他知道"此地仅距交阯（越南）界仅百三十里"，当地驻军有绥安中越边务的特殊使命。道光七年（1827）"三月初三"到"东川府阅兵"，"初九日，至昭通镇阅兵"，"十八日，至寻沾营阅兵"，十九日阅"曲寻协"兵，地界主要在滇东北，因为这里是中国其他省入滇的门户，四地阅兵历时共20天，方回省城。

同年九月初六，阮元又出碧鸡关"赴迤西阅兵"。碧鸡关，是昆明的一大关防，旧时是总扼滇西至省会的咽喉。滇西是南方丝绸之路从中国地界扬首而去异国他邦的要地，为云南文化的一大发祥地，也是千百年来兵家大规模演武之地，十数万、几十万大军征来战去的事，唐朝有、元明有、明朝有、民国有……影响全国的大事时有发生，于清朝而言，几桩了得的大事，均与滇西有关。乾隆自称"十全"老人，若是除去清王朝以滇西为基地的平缅之功，便谈不上十全，吴三桂若不是从滇西去缅甸抓回永历皇帝，也封不了"平西王"。阮元深知滇西兵事的重要，滇西的几个屯兵重镇如大理、永昌、鹤庆、维西、永北、剑川、腾越、龙陵、顺云、普洱、威远、景蒙。均无一遗漏。滇西历来驻兵密集，驻军各协各营阮元均遍查遍阅。作为一个64岁的老人，又患有足疾，此次的滇西之行，当属不易。阮元在广东即发现有足疾之患，这一病痛可以说是阮元晚年最大的忧患。用我们今天的观点看来，大致与痛风、风湿病、腰腿痛相关，无疑是很折磨人的，凡人得了，闲着坐轮椅即可，他阮元不行，他可是要走动着施政十州百县的大总督呵！或许是因为云南山川浩逸，雄关林立，或许是因为他具有诗人气质，阮元在视察阅兵时，心情很好，阮元在滇东北阅兵之行时，认为自己“共计水陆行一万数千里，得诗数十首”。这位文武全才的人，他的滇西之行，自然也少不诗作之妙品。

除了云南阅兵之外，阮元还到贵州阅兵。《阮元年谱》记载，道光八年（1828）九月初六日，“自云南省起程赴贵州阅看全省营伍，兼迎陛见折。”贵州阅兵有记载，阮元到过安顺府、镇远府、松桃镇，十月二十四日“登舟”离开贵州。而道光九年（1829）三月，阮元到贵州黔西的威宁阅兵，顺返滇之道，又到“云南昭通府看镇兵”，再到东川兵营阅查。道光九年（1829）十月，他又到滇南开化镇阅兵。

以上列举的阅兵记录，阮元兵事之勤，已见大概，兵家风范，谁敢轻睨？阮元在阅兵中，少不了考察将核官兵、检查武器装备及粮草、车马，还有组织军训练一干事情，但具体做了些什么，我们至今见的资料有限，有详情难述之憾。但以阮元的见识、才华，办事的严谨，决不可能不务实事，草草了事，走过场而已。我们看过阮元的晚辈，曾拜会过他的林则徐的滇西各营阅兵奏折，阅兵内容涉及方方面面，如军官们人品怎样，年龄怎样，马术如何，箭术如何，射箭脱了几次靶，均一一记载有案，真是难逃这位“制军”大人的法眼。

阮元在腾越阅兵时，也曾亲自叫人试射箭弩，查看是否准确，有力度。

查阮元在浙江治兵时，即有“严号令，警弛废、厉廉隅，肃赏罚”的原则，他对云贵“军协”的管理，自当严整周密。也有记载，他对军中武器船只，诸如“乌枪火器”“弓、刀、矛”无不亲自过问，而对船只大小，性能如何均了解在心，应该是个懂军事的明白人。史料记载，他曾在浙江筹资造船，饬令造枪造炮，都是抓在点上的军中要务。甚至。他还连兵丁的识别上设置识别旗帜这样的细事也想到了，在兵丁的衣服上书写“勇”字这样的怪招也想到了（顺注：兵丁衣服上写字，大约也只有清朝才发生，有些“老土帽”，后来为西洋人笔下耻笑，说是“勇”字套个圈，在后背心上，正好作射击靶心，瞄准了，一枪打上去，呵呵……但如果大清王朝兵威称著世界，又是如何一番情形？）是个治兵细心人。

有记载云，阮元视兵安顺府时，用三天时间察阅了安顺“提标兵”的军事演练科目——“新演速战抬炮阵”，这可视为阮元治军是有创新改革之念的，“新演”，即是要有创新的说词证见。对于清朝道光时代的“速战抬炮阵”，曾成为一时的军事利器，《阮元年谱》记载：“此炮阵杨宫保遇春所练。”宫保即太子少保、少保的统称，这位杨遇春少保担任过的职位，也必在清朝的院部大臣之列，是高官无疑。这种炮阵，一是机动灵活，配置快捷。二是火炮重量相较那些被称为神威大炮的重型战炮，轻小得多，每门炮就40斤许，相当于我们现在的公斤重量，也就30多公斤。清朝的一市斤，与我们现在的市斤不同，现在10两为一斤，清朝16两为一斤，民国以后的中国人称之为“一老斤”。两市斤（10两斤）为一公斤，这已是中国人共知的秤量。三是火炮密集度高，不是零零散散。记载说“抬炮阵”“五炮为一连环，四兵管一炮”。是否可以认为，一个连环，就是一门原始版“喀秋莎”？想来，几十个、上百个“连环”组成的大清“抬炮阵”，以速战的方式，集结在敌阵前，千炮连发，集群轰击，威力之大，置敌于死命……杨、阮二位少保，也真够牛了！再仔细琢磨琢磨这个“速战抬炮阵”，已经暗合后来的第二次世界大战的军事理念了。速度快、形成集群、寻求高摧毁力效果，再先进的火炮，也不就追求这个？为了强化“抬炮阵”的实施。《阮元年谱》记载，道光九年（1829年）夏，阮元觐见皇上后回滇“督率将弁造炮300余位”，这应该称之为军事大动作了，300余位大炮，可组成70个原始版“喀秋莎”炮群，威力真不小。

阮元为何看重“抬炮阵”的演练，这是有实战意味的，因为丁亥年，清军以此炮阵在新疆大获成功，“收平回部”，这种炮阵“若以轰击，甚准而捷”。阮元认为这是“边疆制胜之军实也”，故此阮元在昆明布下了

“六十位”，“提镇各边营二百余位，令各镇一同演练。”“大人（阮元）于巡阅时亲加演阅”。

写到这里，我们不禁要问，既然这“抬炮阵”如此了得，为何阮元所处的晚清军力仍无人恭维？回答是，“抬炮阵”好是好，对内可以，对东南亚可以，对西方则不行。与西方的坚船利炮相较，还是土老，还是落后。西方，尤其是欧洲，在明代时，已造出领先于世界的大炮“佛郎机”，而后来西方挟工业革命，科学进步的威力，制造的大炮，如德国的大炮，在火炮口径、射程、炮弹威力、准确性能方面，日趋现代化。这是阮元们的悲哀，也是大清的悲哀，也可称之为历史局限，那么局限是谁造成的？回答起来，很难。

查阮元在云南的军事活动，据《道光昆明县志》记载云：

> （昆明）教场有四，一在城九龙池西，今承华园，清道光总督阮元重修，堂旧匾曰“景武”，东南荷花池中有淬剑亭，九龙池水环圃行，花柳最盛。一在马王庙前，俗称西箭道；一在南城外，有宣威万里坊；一在城北郊……

景武教场是清代练兵场，但没有南北教场大。阮元在昆明修教场，是他重视提升云南驻军素质的一大实证。阮元在云贵总督任上，还有一事为世所称道，即是他力荐云南副将曾胜为湖南总兵，认为他有大将之才，曾胜后又升广东提督，死在任上，被朝廷追谥“勤勇”。由于曾胜不负众望，身经百战，阮元也因此被誉为有“识人”之明。

阮元在巡抚浙江、督军两广任上，最可圈点的也是军事上的诸多作为。

浙江巡抚职，阮元最初辞不任职，皇帝不准，才不敢再称辞让。阮元任浙江巡抚共两次，第一次是嘉庆五年庚申（1800年），时年37岁，第二次是嘉庆十三年戊辰（1808年），时年45岁（46岁时，因犯非贪腐性小错误被革职）。一旦上任，即开有作为之风。明清两朝，中国沿海海寇、洋匪（注：当时对浙江海盗的称呼）成为危及皇朝的祸患。阮元认为清朝要吸取明朝倭寇为患的教训，大张旗鼓地剿灭洋匪，真是有胆有识，有见有行，有谋有战，靖海灭寇显现了军事才华。

下面，笔者参考了诸多史料及郭道明教授《阮元评传》作些介绍，于此，忱谢郭道明教授。

第一，他看到了“安南夷艇 ”即以越南为主魁的多支艇匪（即装备船舰的洋匪），准备充足，船只甚多，共数百船，有时成十上百地驻泊沿海，形成洋匪舰队，就从战略高度，上书皇帝，提出强军三法，即添造大船、添加大炮、增强兵力，以实力剿匪（上奏折时间为嘉庆五年庚申〔1800年〕二月）。为了造船，极为难得的是，阮元自捐、筹捐到白银五六万两。

第二，他查知洋匪有万人之众，驻浙江三镇之官兵不过三四千人，而且洋匪炮重十三四斤，官军炮重一斤多，武器也不行（这些记载可见诸《阮元年谱》第23页）。故此，他倡行组建乡勇民团，加以组织训练，并允许他们造“铁枪千杆”以代替长刀、弓弩、长矛、增加战力（详载可见《阮元年谱》第30～31页）。由于江浙人民痛恨洋匪，组织民力抗匪深得人心，民间武装成为大清军力的补充，成为土匪黑帮的一大天敌。此外，阮元还立了《缉匪章程》七则、《保甲规条十二则》（可见《阮元年谱》第29页《雷塘庵主弟子记·卷一》），从舆论层面、法律层面震慑打击洋匪。阮元又请教贤达，讨教制匪方略。有社会贤达提出颇有见地的“防御六事、政击三事、预筹四事”的主张，供他采纳。可见，他广开言路，也当自有所得。

第三，以韬谋制匪。当时的洋匪，在中国沿海活动，打西则窜东，打东则窜西，不限于江浙，也涉及两广，各镇号令不一，各省行动不律，则会导致无功。阮元虽仅为一省之巡抚，却不局限于一省视野审视天下势，他提出统一指挥“三镇舟师，以专号令”的协同作战方案，即是由军事俊才，定海镇提镇李长庚统一指挥，再奏请两广水师协同剿匪。当时，阮元提出请两广督臣派“兵艇二十号”“乘南风事浙会剿”（《阮元年谱》第32页）。阮元主张，对于海盗，该分剿时，则分剿，该会剿时则多省诸镇一同会剿。应该说，这就使各镇互不协力，各省各自为战的格局因之打破，剿匪力度势必加大。更值得一提的是，面对各帮海盗互相勾结，又互相争斗的现实，阮元在合力围剿海盗时，派出间谍，分化各帮海盗，让他们互起间心。

嘉庆五年（1800年），阮元多次到台州，与各水师主官筹商会剿计划。当时的海盗布局是：越南艇船实力最强，有30余艘留踞三盘，浙江水上黑帮水澳帮六七十艘南泊玉环外洋，凤尾帮匪船六七十只船及小股土盗散布在大陈一带（事见《雷塘庵主弟子记·卷一》）。足见，海盗势力不容小看。关键时刻，阮元利用海盗黑帮间的矛盾，分化了水澳帮，使其“六七十船往来无定”，给清军水师着力打击以安南洋匪为主的艇匪战略减少了压力。

嘉庆五年（1800）年六月二十一日，阮元坐镇金清，于六月二十四日，一举大破盘踞在龙王堂的安南艇匪。具体战况恕不详述，但破敌之日，“大风且雨”，又“风狂雨烈”，大风吹得“贼艇与海山相撞多破”……老天帮了很大的忙。又见史料明确记载，阮元备战，接受浙江提督的火攻建议，事先“令绍协中军造火箭千五百枝”，开战之时，火箭穿过雨帘射入敌船，虽是雨天大约火攻也是见了成效的，有文字记载说，敌破时“雨中有火热人”——意思是说，敌船中的匪徒，才逃出了起火点，又让大雨淋个透湿，慌乱狼狈，丧失作战能力。

这次清剿，彻底消灭了安南洋匪为祸中国沿海的实力，并缴获“油布包安南敕文（国家文书）”“安南总兵铜印”（入侵中国的艇匪自称总兵，可见狂妄）。这次灭海匪，为清朝清除一大海事毒瘤，末如明朝，倭寇毒瘤痛长期挂在脖子上，气肿得很，很是不爽。此外，当时土匪中实力最强的凤尾帮也宣告覆灭，战利品甚丰。史料记载很有趣，滋录于此：民间力量“于水中得紫铜炝，重2400斤、2800斤者6门，洋铁大炮重4000斤者一门”，其他炮“30余门”“船桅大者长八丈，夹长丈餘”……此于列出，一是可资证海匪实力已够强大，不灭不行。二是说明，这些战利品是“乡民”所获，那么，阮元在浙江搞的灭洋匪人民战争也是成功的。

阮元这次军事行动后，天子高兴，士子称颂，百姓感激。阮元声誉在浙江，那才叫个好！浙江人后来要求为阮元设“专祠”，一个理由即是“荡平海寇”。若说阮元荡平海寇，还应写写阮元消灭江洋大盗蔡牵事略。嘉庆十二年（1807年）阮元先于该年十一月授补兵部右待郎，同年十二月再授补浙江巡抚，这是阮元第二次任职浙江巡抚。在嘉庆十二年至十四年的两年时间，阮元花费巨大的精力，围剿被称为海上“首逆”的蔡牵。蔡牵为害沿海多年，匪力强悍雄厚，其活动半径大，远至福建、广东、台湾及安南国，又常和境内外海盗勾结，他的同伙匪首有火炮达86门，他自己的舰上火炮数量自然不会少于此数。蔡牵有时聚匪船“四五十船”，有时聚匪船“八十余船”，来往飘忽，鬼诈神秘，曾经有渡台湾海峡、“伪称王、攻掠城野”的经历，有如当代之陈水扁一样企图搞“台独”，说他是晚清中国第一海盗也决不为过。浙江水师多次剿击他，好几次他竟绝处逢生。大清舟师也伤亡甚重，海上名将、浙江提督李长庚也于围捕他的海战中牺牲。蔡牵屡捕屡逃捕，其中一个原因是他的匪船高大雄健，为浙江水师官船所不及，加之又有一些船匪护卫支持，形成海上战斗群，有时想打，打不上，打上了，又打不伤。

消灭蔡牵除了拼舟师战力之外，还须讲海战战术，身为兵部侍郎的阮元，颇精海战之道，他提出了针对蔡牵的“首逆分船隔攻之法”，这是阮元海战的经典一笔。大体是，要改变过去舟师主力直接仰攻蔡牵坐船的办法，改为如后来的中国人民解放军“围点打援”的办法，也即组建两个兵船作战群，一个专门攻打蔡牵坐船，另一个专门隔断蔡牵的护卫船，使他陷入头狼被猎人独围于一隅的绝境。而攻击蔡牵的坐船时，专门注重“将其篷柁节节打破”，使其如断翅之鸟，无法再逃。继而再使用狼群围猎之法，包抄围敌，群起而攻之。

阮元这个办法果然奏效，嘉庆十四年（1809年）八月，经侦察，发现蔡牵踪迹，闽浙舟师组成的联合舰队便对其紧追不放，在台州鱼山外洋将他围住。闽浙舟师将蔡牵坐船击沉。击毙蔡牵二妻一子。一代海枭，从此灭迹。为此，嘉庆皇帝专门写了春联抒发自己的欣喜心情，只是行文14字，注释数百字，过于艰深古怪，于此不引，其中有“鲸鲵剪尽，海不扬波”8字，又有“共乐承平”4字，倒还能为我辈所识，意思是，巨大无比的鱼被消灭掉了，从此大清海疆平安，天下共享太平。

有趣的是，这个海上“围点打援”的办法，舟师官将们怎么会想不出来呢？阮元提出的这个办法，写在他给舟师提督的信札中，信札已知的共有3封，史料名《致邱提台书》。邱提台即浙江提督邱良功。现录一段于下：

“蔡逆坐船高大，浙师仰攻往往不能得力。先前曾酌商诸镇台，以贼船虽大而少，兵船虽小而多，若令某镇某字号若干船隔断蔡逆伙匪船只，不令救援，以隔断为功，不以攻获为功。另挑某镇高大坚好船若干只，认定蔡逆本身，连环施放枪炮，先将篷胎舵手节节攻打破坏，使彼不得行驶，然后替换攻击，多用火箭火瓶，贼行与行,贼止与止，久久相持，便可得手。”

（张鉴等《阮元年谱》第81～82页）

读这段话，有略有术，策划周详，一个战地军事指挥员形象脱然而出。

阮元在两广总督任上，颇有军事作为，限于本书篇幅，只能略述。当时的广东，是西方入侵中国的演练场，也是入侵中国的门户。阮元利用军事手段，强化中国关防的巡捕、防卫能力，不允许以英国人为主的洋兵、夷商为非作歹，颇有当时大清帝国军界“鹰派”将领的谋略主张。他曾下令抓捕一名杀人的洋商，放言“必得凶犯乃已”，原则严正，追责不饶，使之“自刎死”。他曾下令：“有击死民妇者，予以绞绝抵罪”。阮元这个清朝大员，有别于电影《林则徐》中那些软蛋广东主官形象，他的强硬出了名，使外国人风闻而收敛，不敢再为所欲为。但后来，“元调任，兵船即踵至，海疆乃自此多故矣。”也就是说，阮元这只悍猫调走了，英国老鼠们便一只接一只地回来了。

嘉庆二十二年（1817年）十二月二十三日，阮元奏请建造大黄窖窑、大虎山二炮台，次年四月建成。阮元建这两个炮台的目的，即为“暗防英咭唎（即英国——作者）货船之桀骜”，故此，有的英国人很不是滋味，一再请求不要修这两个炮台。这两个炮台，前者总扼香山、黄浦、虎门通道，后者位于狮子山洋外，是“中路外洋进口要道”。筑成的炮台“周一百廿丈，高丈八尺，女墙三十六，神廊、药局、兵房毕具，置大炮自七千斤至二千斤者三十位，发之能击三百丈之外……”很是有些威慑力了。

阮元自然不能预计到后来鸦片战争时的天下局势，他只是凭总督的直觉办了这件事，大约他更多的也只想到对付凶悍狡猾的外国商人，而不是防御乘着坚船、带着利炮直接攻打中国的侵略者。但是，他能够这样做，在清朝大员中，已属很有军事眼光的人了。

写到这里，我们想到的是，清朝的官员们常常会在朝廷6个大部中多部任职，如笔者的老乡永昌王弘祚，就先后在清廷共有的6个大部中的3个部任尚书，被称为“永半朝”，这是否是好事？人的才智有专业方向上的不同，本领有强项弱项之别，不是吗？如阮元，在兵部、礼部、刑部、户部、工部等部均任过职，如果一直在兵部任职，又不只是任虚职的兵部侍郎、兵部尚书，他又会为大清帝国在兵事上做出什么贡献？

“平安”滇督

从史料记载看，阮元于道光六年（1826年）九月十三日到达云南平彝县（即今富源县）接受云贵总督大印的，这是总督权力交接执掌的大事，当时云南候迎他这位新任总督大人时，会有一个百官毕至的欢迎仪式，少不了有云南各司府衙门主官，云南巡抚伊里布也一定会到场。我们从法国人弗郎索瓦·方苏亚的老照片中看到了这种迎接官员上任的类似场面，这在晚清是很时兴的，总的印象是官员们到的很齐，出迎距离很远，衣冠很整，仪仗也齐备。又据《新纂云南通志》记载，云贵总督这样的人物居官出行也是有一定的排场的，但云南官员一定会风闻阮元为官清正，迎接场面大约不会搞得太奢华，否则云贵总督大印的交接仪式，大可不必选在富源这样一个当时的穷县中举行。

顺便要说一下，在清朝，我们云南很出了一些清官。史书记载，一位在昭通任县长的官员，死后无钱下葬，一位吴姓保山人曾在山东多个县任县长，卸任后回家的路费都没有。昆明人钱沣是全国闻名的顶级清官，他做到学政、监察御史，官至三品四品这样的官职，《清史稿》记载他因缺钱置办穿戴，导致衣服单薄而生病（推考应该是严重肺病）去世。把最后一顶官帽留在云南的云贵总督林则徐，死的时候，分给子女的财产是3000文铜钱，这令另外一位清代名臣曾国藩钦佩不已。据《新纂云南通志》（第七分册336页）记载，云贵总督俸禄不菲，每年“俸银一百八十两”“养廉银二万两”。那就说，雪花银子之多，一辆小轿车也拉不走，这多资财不留子孙，实在非一般之中国爷爷、奶奶、爸爸、妈妈之所思所为。顺便介绍一下，云贵总督的排场是“门子四名，皂隶十六名，轿夫八名，伞扇夫四名，传报舍人四名，铺兵二名。”好大一班人马哟！这些勤杂、安保人员的工资另外有专项开支，每名一年“食银六两”。官与下人之间，贫富差距是很大的。

史料记载，阮元入云南后的第五天到达省城昆明并于道光六年（1826年）九月十日“申刻”进云贵总督府办公，可谓是勤于公务，马不停蹄，而且思路很清楚，抓的是治滇大事，史料记载原文称是“询饬各营务及各边务、铜政、盐政”。“营务”，即是云南军务（前面说了总督又称“制军”，是主管地方军队的）。“边务”，就是边疆事务，云南滇南（今红河地界）与越南接壤，滇西

（今保山、临沧）与缅甸接壤。西双版纳与泰国、老挝靠的很近，边务是云南的头等大事，不可掉以轻心。“铜政”“盐政”抓的当时云南的“GDP”，是经济工作。当然云南铜政也不仅是单纯经济工作，这在以后再叙及。用今天的话说，阮元所抓的这几件事情，应该称之为抓到点子上了，也看出他为官的才干、素养。如阮元这样的干吏，他对怎样治理云南，该办些什么事，是胸有成竹的。那就是云南是多民族边疆地区，要着力处理好民族问题、边疆问题。道光八年戊子（1828年），阮元给皇帝上的奏折云：

> “窃照滇省政务，以沿边外夷及土境各种夷人设法防驭为最重，铜务、盐务次之。”
>
> （张鉴等《阮元年谱》第158页）

解读这句话，意思即是说，云南省的大事，首要的就是安定边防，安定各少数民族，维护云南稳定，送给皇上一个靖和云南。

我们查考阮元督滇九年的轨迹，梳理他为政滇督的大事，看得出他始终是围绕这几件大事执政的。于本节，我们着重介绍阮元如何处理边防方面的事务，铜务、盐务留待下节再述。

平心而论，阮元在滇九年，不可说他政迹平平，但若说他是一位“平安滇督”，则是名至实归。这里有两层意思，一是说他的时运颇好，从道光六年（1826年）到道光十五年（1835年）年他治下的云南，一直风轻云淡，没出现什么特别棘手的大事，让他身处惊涛骇浪之中。二是说，阮元具备经世大才，足以执掌治官、抚民的总督大印。他在云贵总督任上勤勉妥善处理边疆事务，及时化解云南特有的民事、民族矛盾及正确应对涉及周边国家的突发事件，展现了镇抚一方的疆臣风采，把云南治理得平平稳稳，和和顺顺。

遍查史料，阮元在云南处理过的边防及少数民族事务大事如下：

道光七年（1827年）十月处理腾冲傈僳族移驻腾越边界事务。

道光八年（1828 年）七月处理外来游民李映川等人叛逆案。

道光九年（1829年）查办永昌（今保山）湾甸土夷焚抢滋事案。

道光十年（1830年）三月处理龙陵厅芒市土司地界作乱案。

道光十年九月，处理越南国王阮福报称的“内地知县擅拿外域夷目”案。

道光十三年（1833年）秋至十五年（1835年）四月，处理涉及越南外交事务案。

道光十三年（1833年）七月，昆明周边大地震。（此

为天时对阮元执政能力的一次考验，另节专述此事）

道光十四年（1834年）四月处理思茅车里土司案。

上文所列之事，以涉及越南事务案最为复杂，但阮元处理程序得当，应对有方，事事办得干干净净，皇上颇为满意，于云南也没有留下什么后遗症，阮元的才干，保得了云南一方平安。

阮元处理少数民族事件，以引入傈僳族屯驻腾冲制服“野人”最为著名，记载于多种史料之中，为后之览者津津乐道，大约，大家感兴趣的是阮元的处置方法及效果。这件事情的大致经过是，道光年间，腾冲境外有“野人”为患已久，常入内地抢掠，弄得腾冲地方很不安宁。道光七年（1827年）阮元经过考察，看到腾越道府在防备“野人”方面尚存纰漏，虽然在腾冲西北边界已筑碉堡防御，但在“香柏岭（此地名待查，与腾冲相邻的龙陵县有香柏河之地名——作者）一带空虚”，不足以防“野人”，于是“筹款饬腾越厅在保山泸江外据蕃三百户”“边夷”“傈僳”来腾越，“予以口粮，处以棚厂，在边界耕种山地，以为捍卫。”以阮元时代的民族知识，他听说傈僳“归土司管，以垦田射猎为生，精于桑弩毒箭”，更为主要的是，腾越人怕“野人”，而野人又怕傈僳人。为了证实傈僳人是否真的工于弩射，阮元还亲历亲访，到边地面试傈僳人的射箭本领，结果是“大人（阮元）命试弩箭，果甚精，其准较胜于寻常官兵之步箭，但远力不及。”（阮元之子阮福句）

“野人”是何种族类，于此不考，但在古代保山，“野人”倒真有些名气。中国远征军入滇缅抗日，有一座“野人山”响亮进入国际视野，“野人山”当是“野人”的一大聚集地。不过，叫“野人”是要不得的称呼，带歧视性。

阮元此举，办得有头有尾，皇帝也很嘉许。说是有头有尾，这是说，阮元给屯边的傈僳人筹集到几万两白银，以作屯垦资费。后来，傈僳人在当地一边休养生息，一边把守腾越，当地长期宁静下来了。清代史料有多件记载了此事。严格讲，这算不得阮元的创举，这是历朝历代统治者的老套统治手段，俗称“以夷治夷”，只是阮元搞得更为人性化一点。不是么？那种年代，真金白银，那么少的几百户傈僳人，阮元一给就是几万两，还是很有爱民情怀的。有趣的是，阮元办这件事，以防为主，不是以杀、讨伐为主，但搞得“野人”很紧张。这全是他那个兵部尚书头衔惹的祸，这在古代永昌府是有原因的。当地人误传他这位云贵总督、兵部尚书要亲自带兵征讨，立马产生很大震慑力，以致于南甸、陇川土司带领二十余寨“野人”“乞降”，还献上木刻的求和誓言以示诚意。确凿记载，这块木刻一尺多长，因为少数民族无文字，表达和平的诚意，是在木板边上刻了数十个缺口，用刻木记事的方式，表达“停战协议”，这自是上古时代的办法（清代记载原文为：“以此为凭，竟是上古契木之遗意”。）木板于道光年间保存在“腾越厅库”，如今要在，亦称为文物矣。

我们要解释为什么说阮元的“兵部尚书”头衔有“不战而屈人”的效果：古代的永昌府属今保山、德宏一带，有个官职名头很不得了，老的小的都知道，没有文化的少数民族也认得，那就是“兵部尚书”，很吓人，这是因为明朝有个兵部尚书王骥“三征麓川”，带几十万兵在保山、德宏一带征战，活动多年，来来往往三次，旌旗百里，兵寨连营，刀剑锋利，火炮神威，那些想背叛大明的土官头人，那些对中国土地怀有不轨之想的外国人，视他为天上煞星，地上恶神。王骥《明史》赫然立传，他在安定边疆方面有大功，但也干过点不好的事，比如抓了很多漂亮小男生（秀童）做小太监。滥抓儿童，这是十分吓人的，孩子哭了，大人说：“兵部尚书来了。”孩子马上不哭了。那么，“野人”讹传有个姓阮的兵部尚书“带兵亲讨”后，联想到后果很严重，赶紧献木求和，也就在情理之中。

笔者在保山工作二十多年，采访傈僳人民，当过腾冲一中民族班班主任，学生主体是傈僳族，学生们也认得“兵部尚书”这个词，年纪大的学生（二十来岁），还讲得出来，据父母“摆古”（讲古代故事），明代王骥尚书很赏识傈僳人的勇敢，打仗戍边，视之为精锐部队。因此，傈僳族兄弟有一种为国守土戍边的自豪感。我们在采访中感到这种自豪感已是代代相传了，有学者研究认为傈僳人在抗击法英美帝国主义方面，也有功劳建树，为史料所载。

还应着重指出是，阮元于道光十年（1830年）九月处理越南国王的咨呈文件一事，也是讲求原则、义理、事实、处理得很有风范。

我们说的“咨呈文件一事”，是一个很节制的说法。咨呈文字表面上平平和和，大意是说越南国王接到下属报告称：云南“建水县衙”“擅派军人出境生事”，捉拿了他们越南人的头目，且“不行移报”，请求云贵总督饬查，让建水县衙交出被捉拿的头目及钱财，并且要求清朝“严戢兵民”，不要让中国兵民私自进入越南境界（原文为：毋许私越）。事实上这是越南国王阮福映借向大清政府呈报文件的机会，策划的一次外交阴谋，用阮元的话说，即是目的在于“罩占内境”，这四个字的大意是：越南王国想把居于中国的地方，纳入越南管辖之下，进而企图占领。那么，越南为什么会用所谓咨呈文件的方式“罩占内境”呢？

这是因为当时越南不过是区区小藩国，想占中国的领土自然不敢直接跟大清叫板，但是该国的领土扩张欲望又难以自制。阮元知道，乾隆四十六（1781）年、四十七年（1782），越南就曾以“游民混越”为理由，挑起过边界事端。两年中，“前藩黎维祁”（即前越南国王）就曾“咨请”（即行照会文件请求之意）“申划”越南三地“疆界”。乾隆五十七年（1792年）越南国王阮光平也曾提出重划部分中越边境事，但这位阮姓国王用词更隐避，他不提重划，只提“清理兴化镇界址”。这次阮福所谓咨呈文件，表面上客客气气，低首叩拜申请，实际上暗藏侵吞之心，因为越要求重划疆界中的“六猛”地界，即猛梭、猛赖、猛喇、猛丁、猛蚌、猛弄，是中国的固有国土，明明白白“坐落内地，界址甚明，本无不清，何庸申划（阮元密奏道光皇帝折中语）”，越方要求申划，其实就是一种外交翻案行为，就是一种换了腔调的领土要求，由于藏于低眉顺眼之中，很具欺骗性，你一旦允诺申划，便是自己不承认领土有自己的管理权。

越方当时遭到清王朝的回绝自在必然之中，为了有案可稽，中方还开列中国领土管辖范围内的六猛地名清单，发出照会，希望“该藩遵悉”，不要违悖，再次打破该国领土扩张梦。

嘉庆十年（1805年），越南国兴化镇头目，也就个科级干部，竟然搞出个把中国境内的头人“外附”的怪异策划来，也就是说，让这个中国境内的头人带着土地、人丁，归附越南。这件事，也实在是显得荒唐了一点，中国官员颇感好气好笑，但还得处理呀！结果是，“内地文武”“严饬”，也即内地官员严肃查办批驳，但因为“系该镇目无知”“事亦未成”，便照会越南国王“约束镇目”，即要越国国王要管好镇长，不要闹“无知者无畏”的国际笑话。

以上列举，已属往事。不意阮元任上又碰到越南国王向中国开口讨土地的事情。被起用于乾隆朝又效力于乾、嘉、道三朝的阮元，中青年时代，便历任礼部、兵部、户部待郎（相当于副部官），自是对这些边务外交之事了解甚多，而礼部，又与外交事务关联密切。因之，他在接到越南国国王阮福映的咨呈时，目光犀利，洞如观火，向皇帝报告说，阮福映之所为不过是越南企图巧取中国土地的"故智"（也即老伎俩）。皇帝也很信任阮元，诏谕曰："一切准行"。

往后，就是阮元行使处理这件事情的章法了。阮元发出外交照会说：越南国王咨呈，受到下属"浮词"误导，寻衅不应该是本意，因为越南"国名"也是"天朝"所"锡"，"定知恪遵侯度，绝无觊觎之心。"但他这位国王手下的镇日，则是"复萌故智"，"有心播弄"事端，要求国王"严束镇目""仍遵旧规""不再以无据浮言"，超越他们的职位，"率意咨呈"（乱说乱讲），给你增添麻烦破坏中越关系（原文："致失该国恭顺之素志"）。

阮元这样照会越南国王，很有策略，很富弹性，有分化效果，也给国王支了下台的梯子，可以闭嘴巴保持尊严面子。十分有趣的是，又是诗人的阮元的照会文字的末尾，文气十足，诗趣盎然：

"滇池方远，桂海春回，遥惟贵国王政体兼和，保绥安善须至，照会者。"

（张鉴等《雷塘庵主弟子记·卷七》）

当然，外交无小事，自有其严肃性，规范性，主导阮元处理这件事情的原则，是大清的律例，不可能尽玩技巧。阮元对“该国措词不合之处，还逐层批驳”态度自然是十分严正的。

阮元的照会指出，越方所言的地界，“久为天朝内地，屡次明白饬会，该国不为不详。”这一事实，连前几届越国国王“黎维祁、阮光平皆理屈词穷，不能再有辩渎。”意思是说，连你们越南国先王都弄不出什么名堂的小伎俩，你也就生些个数，收敛起来，不要再闹腾了。

阮元在云贵总督任上处置的此事，无疑是他边务政事中精彩手笔。照会之后，史料载“该国王理屈词穷，寝息矣。”——也即无话可再说了，只好睡觉去了。

阮元毕竟是有大才的总督，他完成了外交处置，这只是文的一手，同时，他又准备了武的一手，即军事防务处置。史料记载，阮元饬令临安镇府，对再行入犯者“兵练查拿，不少宽纵，勿谓言之不预（言之不预，意为没有事先打招呼）。”

据查史料，阮元在浙江巡抚任上即有与越南打交道的经历。嘉庆五年（1800年）冬十二月阮元37岁时，就看到过越南（当时称安南）王阮光缵呈覆之文（即对大清朝廷呈报答复的文书），开头也是绵弱恭顺的，自称“小番”，还要承诺作清朝的“屏翰”。这话多少令人感动，原文如下：

"小番世荷天朝恩庇，曠格逾涯，无能酬报，思以慎守疆圉，永作屏翰。"

（张鉴等《雷塘庵主弟子记·卷一》）

只是嘉庆时期的越南海盗为害江浙，成为清朝海疆一大祸患。那么，这位阮光缵国王，为什么不在说完好话之后，好好管束自家的臣民呢？

阮元在浙江巡抚任上，经过搜捕打击，由是"安南夷不得为患"。

有了浙江任上的经历，阮元在云贵总督任上与越南人打交道自有韬谋。

干练疆臣

阮元在云南处理盐务、铜政方面均留下不错的政绩，又在云南处理地震、治理水患、建仓储粮等多方面，有善可陈，是一位干练的疆臣（即总督）。

于此，我们先说阮元所办云南盐务。

《清史列传·卷三十六》，说到阮元任云贵总督的政绩，第一桩是说他在贵州安顺府"兴办教育"的事情。第二桩即是说他在云南盐务方面的政绩，原文如下：

“以滇省产盐子井衰旺不齐，云龙等五井缺额在石膏等井代征抵补，又以新开盐井试办期向以溢课充公……”

这句话的意思是说，阮元入滇后，即着力兴办云南盐务，一是打击私开私采，增加国家盐井及盐务产量。二是调整盐务税收及相关政策，扭亏增盈。果然云南盐务走出积弊困扰的局面，道光皇帝下谕高兴地称许道：“滇盐大有起色，所办甚好。”从《清史列传》这条记载看，主臣两人，都十分重视云南盐务。

云南盐务之所以重要，一是盐业生产是云南的支柱产业，财政收入对盐业的盈亏依赖性很大。二是食盐直接关乎民生，千家万户，无一可离开食盐。三是盐业可激发各种社会问题，引起社会动荡，危及边疆稳定，须小心对待。查云南志书，阮元入滇的道光年间，有著名盐井20来个，产盐3000多万斤。据《新纂云南通志》第七册160页记载，清雍正年间，云南产盐2700万斤多，正课银27.8万余两，盈余银4.77万两。由于盐业利益丰厚，一些奸民趁机谋利，这些从事盐业的奸民，混杂于私煎私卖的“灶户”之中，有的“灶户”在盐中掺杂灰土，制造劣质盐、假盐，欺骗老百姓；有的哄抬盐价，使老百姓吃不起盐；有的争抢销路，激起群殴事件。盐务引发的社会问题日益增多。以云南盐价过高为例，曾引发乾隆元年（1736）乾隆皇帝御谕：

> “朕闻滇省盐价昂贵，每百斤自二两四五钱起，竟有卖至四两以上。边地百姓，物力艰难，僻壤夷民，更为穷苦。有终年茹淡之事，朕心甚为轸念。”
>
> （李春龙审·牛鸿斌、文明元、李春龙、刘景毛点校《新纂云南通志》第7册151页）

读乾隆上谕，知云南盐务已为最高统治者关注。此后，乾隆对云南盐务又有多次批示，当不少于二十多次。嘉庆、道光两朝，地方官员上奏朝廷又获皇帝谕示的云南盐务事，可查知的也实在不可言少。因涉及民瘼，皇帝重视，云南地方官员均把云南盐政列为治省大计。

在云南著名学者师范笔下，由于盐务引起的社会问题触目惊心：“……奸民趋之而起，围城缚吏，剜眼投火，皆以盐为口实。”引起的突发事件规模不小：“一二日间，十余郡邑不约而同，蜂拥蚁聚，呼声如沸鼎。”而云南官府盐政管理，越管越乱，“始则计口授食，继则按户分摊；始则先课后盐，继则无盐有课……”，引起百姓反对反抗之后，官府中“不良者”“深以士民为仇”，乱打乱罚，有的甚至草菅人命“或立毙于庭，或羁死于狱”“遂酿大祸”。云南盐政之乱，以上文字亦可粗知。（上述记载可见诸师范《滇系》中。）

阮元到云南后，理智地看到盐务对云南社会稳定、经济发展的特殊作用，整饬废弛的盐务，成为他时时念之于口，动之于行的大事并于上任的第一年便取得良好效果，成为他督滇的一大政务亮点。《新纂云南通志》第7册164页记载了他治理盐务的功绩："道光六年（1826年），私井封闭，盐销大畅，每年加办溢课银四万两。"这里所说的"溢课银"即盐务的增加收入，这还不是云南盐务增收的全部，仅为石膏箐盐井的统计数字。阮元自述，云南盐务经他之手后，不仅一改多年"额课多欠"的局面，故此，课银大增。

"今道光六年（1826年）分奏销，于额征盐课银二十六万一千六百余两全完，及趱补从前墮欠外，且尚长馀银几及万两。"

（张鉴等《阮元年谱》第156页）

阮元整饬云南盐政，是从治本入手，也即是说，不是从盐治业务本身入手，而是从整治主办盐业的官员入手，阮元在道光六年（1826年）入滇后的第五天便开始询饬过问盐政。阮元的这种优先盐政的做法，与其前任那位被称做是"历官皆有政绩，以干济名"的赵慎畛总督的识见完全一致，赵慎畛"抵滇后，一意以抚靖边夷，整饬铜盐为务。"赵慎畛一年左右的短暂总督履职，发现了许多

“铜盐积弊”，只是来不及实施治理便去世了。阮元到位伊始，便调查云南盐政，不久，便发现了许多弊端，他得出的结论是，由于官员管理上无作为，受贿敛财，盐井管理人员隐瞒实情，逃交政府课银，盐井从业人员或私采走私，或以次充好，使得云南盐业凋敝，一再“亏欠”政府课银。官员与“井员”“井丁”沆瀣一气，上下勾结，形成一条利益链，整饬云南盐政，必须整治吏治。又经过一年多的施政、调查和思考，他的想法更加系统化。道光七年（1827年）六月，他在给皇帝的题奏中称：

“奏销滇盐，总在省中，吏治澄清则井员不敢欺课，井员不敢欺课则井丁不敢走私舞弊，唯在严饬该管官吏实心实力办理，自然上下肃清，官课充裕。”

（张鉴等《阮元年谱》第156页）

有记录表明，阮元查知弊蠹盐务的是不良官员高岫云等人，便着手“参劾”，使他们下台。“擒贼先擒王，射人先射马”，失去官员的庇护支持，盐业内的“井员”“井丁”便于贪腐无所作为，这些个在云南盐业营私谋利的团伙便一一瓦解。

阮元除整饬盐业吏治外，具体的治理手法也坚决准确有效。经走防了解，由于盐井获利巨大，云南不少地方民众私开私运，与官员共争销路，这也是造成云南盐业课银亏欠的一大原因。对于这样私开盐井的地方，当不只一个两个，阮元着力整治的是他郎厅的猛野盐井。这个盐井，过去官府认为它开采量小，且处于“烟瘴”之地，就奏明朝廷，赏给当地边民“自煎自食”，该井的课银也改由他郎厅为之支付。后来，当地有一个叫孙开先的“武举人”利用权势，钻了政府不管的空子，私自采盐，私自运输，与政府争利，使当地一个由官方经营的重要盐井石膏井盐业生产销售受到很大影响，减少了官府课银收入。阮元查饬这个盐井时，权衡利弊，反复考虑，到底封还是不封。封么，这是道光三年（1823年）一位明姓制军大人报皇上批准后的决策，你云南政府自己决定的赏给边民之物，而且这里靠近境外，“边夷混杂”“封之患激事”（意即封存会引起暴力抗拒的群发事件）。不封么，“日久患更大”“于是决计封之”。阮元一旦决策定夺，处理手段便坚决果断，道光七年（1827年）四月，他明“饬迤南道林绍龙，普洱镇总兵怀唐阿带领普洱、临安二镇官兵前赴他郎厅封私开之猛野盐井”武装查封。这种审慎在先，厉行在后的做法，充分体现了阮元的风格。

阮元此举，提升了石膏井的营销额，查《新纂云南通志》第七册第212页《清道光年间各井产额》，这个石膏井应名“石膏箐井”，经营盐务达千万斤以上，成为云南盐业的主力井矿，“溢额盐四百四十六万六百五百十八斤”，足可称之是云南盐政扭亏增盈的主力军。

阮元是个爱护云南的好官，云南盐业赚了钱，他不是一味忙着上缴去讨“官声”，而是实行了藏富于民，藏钱于滇的办法，为此，他上奏皇上要求截留盐业课银。道光八年（1828年）二月，阮元《奏滇盐溢销长馀银两恳请酌留以备边费》一折云：

> 仰恳准将溢馀银两于每年奏销时，以一半存于藩库，以备沿边储事之用，庶边衅可冀随时戢益。

（张鉴等《阮元年谱》第158页）

道光皇帝闻奏后，对滇盐课溢额度之大，有“数倍之多”，多少有些出乎意料，欣喜之情流于谕词之中，用了“大有其色”“所办甚好”一类的称赞话，并在“数倍之多”前加了“竟可”二字，表明他认为滇盐扭亏增盈实属想不到之事。那么，就该奖励奖励云南吧！于是道光皇帝同意了阮元留银于云南的奏议。事后证明，这些钱，阮元做到了取之于滇，用之于滇民，无贪渎挪用之嫌。

阮元经营云南铜务，也极尽心尽责。众所周知，云南是中国一大产铜要地。元代时，即向云南课铜“2380”斤，“明清两代”发现铜矿苗83处，民国时统计云南产铜州县近80个。云南铜矿在乾隆中期每年产铜达1200多万斤，是云南铜业的极盛大时代。

云南铜业开发很早，记述云南铜业的史料也很多，如《清史稿·食货志·矿政》《大清会典事例》《云南通志》《云南铜政全书》（50卷，王昶修）《滇南矿厂图略》（二卷，清吴其俊纂，龙游、徐金生绘辑）《论云南铜政利病状》《云南铜志》（八卷·清戴瑞征编）《云南铜政便览》（无署名）都记载云南铜业事。

云南铜以品种为例，即有黄铜、斑铜、赤铜、碳酸铜、硅孔雀铜及自然铜等多种。滇铜康熙四十四年（1704年）起由官方设局开采经营。《清史稿》称“云南铜矿尤甲各行省”，又有史料记载，云南铜成品送至京师“宝泉”“宝源”两大造钱局铸钱，已关乎大清王朝财政。云铜可造钱，其实就是云南可产钱的代名词。自然为清廷重视，在云南为官的督抚大臣也对云南铜政倍加小心。否则，有官职不保之危险。

阮元曾说：

> 滇山五金之利甚溥，而铜尤重要。余督铜政，每岁发运一千馀万斤，济京师天下之用。
>
> （文物出版社《书法丛刊·2006.1》第69页）

以上这句话是笔者从阮元的一则书法作品中摘录的文句，自当可信。他这里所称之“天下”,已查证的地方有江苏、江西、浙江、福建、湖南、湖北、陕西、广东、广西、贵州等，铜务涉及面之广，说明阮元在滇实施铜政，公事繁重。《阮元年谱》中有两则文字记录了他在云南经营铜业的情况，一则为：

[道光八年（1828年）]四月，大人以准升开化府知府丁锡群道光七年分所办宁台铜厂除正额外多办铜80余万斤，查该员本有军功花翎，因事革职，捐复原官，奏请赏还花翎。

（张鉴等《阮元年谱》第160页）

另一则为：

道光九年（1829年）五月，大人以景东厅知陈桐生接管宁台铜厂，在正额外多办铜至百万斤余斤，奏请鼓励，以为通省厂员之劝，乃请赏加知府衔。

（张鉴等《阮元年谱》第163页）

这两则记载，说明阮元在整治铜政之弊的同时，又以宽松奖励的政策手法，增进滇铜产量。遗憾的是，阮元整饬铜政的文字，如今见之不多。概略而述，云南铜政的要务是加强矿务管理、扩大开采、铸钱造币、“采运京铜”。尤其是“采运京铜”一事，更为重大，内容更为繁复。诸如运铜道路的选择，安全保障、成本节约，地方财政及与其他各省财政，中央王朝的财政的利益分配的处理……件件不可大意，阮元均处理得当，未有引起纠纷及朝廷追责的记载。

另铸钱造币事，云南始于顺治十七年（1660年），康熙二十一年（1682年）复开，嘉庆年间也颇兴盛，道光年间如何开局铸币不详。但云南所铸之钱“分运各省”则有案可考。铸钱机构，查实昆明设有“宝云”钱局，设铸钱炉“28座”；东川设有“宝东”钱局，“设炉10座”。这种铸钱造币事，内容多多，想来，也是不堪其烦，足令云南地方官员小心从事才是。

阮元在云南勤政为民的另一桩重要的事是，道光十三年（1833年）七月云南抗震救灾事。该年七月二十二日（云南史志载为七月二十二至八月九日），云南省城昆明至滇南临安、开化十数州县同时遭遇地震。《阮元年谱》称：“压毙男妇大小口数千人，倒塌房间数万间”。具体情况《新纂云南通志·地理考》称：“昆明、嵩明、宜良、河阳、寻甸、蒙自、晋宁、江川、阿迷、呈贡、宣威、路南、姚州、安宁、富民、罗次、禄丰、昆阳、易门、南宁、沾益、陆良、罗平、马龙、平彝、新兴、建水、石屏、通海、嶍峨、武定、禄劝、元江、镇沅、广西、景东、永北、蒙化、镇南、赵州、保山、云州、鹤庆、会泽、恩安、宝宁、文山、白井、琅井、曲溪、牟定……同时大地震”“损房八万三千多间”“压毙男妇六千七百余口”，河阳（今澄江）压毙男妇无算。

这是云南历史记载中，与昆明有关的最大、最广、受损最严重、死伤最惨重的一次大地震，这对阮元是一次重大考验。阮元素有爱民的美誉，得知灾情，心急如焚，即从贵州赶回，奋力救灾。阮元的措施细致得力：

一是调查灾情，做到官员分头出动，核查仔细。二是对死者给以赏恤(即经济补助)。三是安排动员抢修房屋并给修房费。四是对无家可归的人，搭临时篷屋以供居住。五是调动官银十几万两用于抗灾。六是发动官员绅商、富户出资行善救灾。如今看来，阮元是尽了职责的人了，真有点“以人为本”的味道，云南老百姓还是满意的。至少，这次地震，史料中他不曾留下骂名记载。灾难中，民心浮动，不挨骂很不容易。又据记载，这年的地震，田中稻谷没有大损害，震后可于不久之时获得丰收，这就使得老百姓后顾之忧少了许多。查阮元在云南为官，有记载的善举还有如下两桩：

清代云南，昆明水网交错，河池融汇，樯橹如林，渔帆闪熠，是有名的高原水城，但滇池水患、盘龙江涨溢，也成为危及昆明安危的现实之事，历代在滇的好官，均传有在防治水患上建树。据《阮元年谱》第156页记载，道光七年（1827年）八月，即他入滇的第二年，他曾在昆明城东门外金牛寺建立“测水石方柱”，上面刻有“子、丑、寅、卯、辰、巳、午、未、申、酉、戌、亥12

字为12格”，“以验盘龙江”水势。另一测水石方柱立于大观楼下，以测滇池水情；另一测水石方柱立于海口，以检测滇池通塞情况及水势消长情况。从这一记载看，阮元已抓住昆明水患的要点对其重点监测，做到防患于未然，比之那些昏官，当水灾、地质灾难等灾难突发，摧残民生，湮灭生命之时还不知道是回什么事的，自然要高出一畴，可称是位心系百姓安危的好总督。既然有了监测，出现水患时，必加整治，可惜未见史料记载他整治昆明水患有何具体之为。应该指出的是，以学者而论，阮元强调实事求是，通经致用，决非一般的腐儒、酸儒，他和明代的院部大臣徐光启一样，是中国明清高官中最早具有科技理性的人物。阮元重视“象数之学”,虽未能提升到科学的高度，但他认为数学是学士必修的“六艺之一”，他曾编修了《畴人传》这部名著，被称为是中国第一部为“科学家”（或数学家、天文学家）立传的书，为中国学术界所推崇。学者钟玉发先生称这部书：“力图梳理中国古代天文、数学成就和介绍西方科技”。阮元到昆明时，《畴人传》早已完书，他为昆明水险设立观测石柱，也看到这位总督大人萌动的水利科学意识。

阮元在昆明做的另外一桩好事是，实施粮食新政。史料对此记载十分明晰：“秋征粮米”“改建新仓”“并立以一米易二谷之法”。我们把史料不加夸张地复原，即是说，当年阮元在广东为督时，看到陈旧老米仓中有“数十年之谷”，虽处海边，仍然不因湿气大而腐朽，因此，萌生了米谷更新保存，陈出新入，吐故纳新的粮食保存之念。到了昆明，阮元看到昆明县所管辖的两大国家粮仓，既可供给守备昆明的六大兵营食用，又要储备三年的军粮，可称库存量巨大。只是，这两大粮仓俱在城外，又址靠滇池，夏秋雨多且大，湿气浸蒸，阮元认为“滇米”有“不坚易朽”的毛病，粮食保存便成为问题。有时，灾难来了，昆明又半夜“闭城”，“城中无一石之米”，延误救灾，米运到灾区，一看又是腐霉之米（原文称亦是“红朽”，“难济民饥”）。于是，他就和云南巡抚伊里布一起会商司道官员，决定在省城“大西门内府署之西高燥隙地，特建新仓50间，名曰太平仓”。这句话点明地点：大西门。点明优点：风高物燥，易于存粮。点明数量：50仓。点明仓名：“太平仓”。相比那些心事奢华，大建楼堂馆所的人，阮元这种为民生着想的人，实属可敬。民以食为天。建粮仓，在中国古代不是小事，阮元一建便是50仓。据查考，这是他在云南兴建的最大的一项工程。厘清他兴土木之功，一是修了武侯祠，规制不宏巨，阮元还写了记文，他以三国贤相为榜样，表明利民忠君的政治理念。二是修了云贵总督府，但简朴到了令人吃惊的地步，他自己评曰：“工朴用省，成之甚易”。事实也的确如此，此次修署，重点工程是碧鸡台，不过以7000个“土基”筑垒面成，纵横上下皆一丈三尺。7000个土基的碧鸡台，稍觉寒酸，因为“土基”是云南农家最常用的便宜建材。三是他在翠湖修了个堤岸，后人称之为阮堤，均不可称奢华。这么一比，阮元的“太平仓”比所列三项土木工程的确更大。

阮元有了新的储粮仓库，便实施“粮食新政”，即“一米易二谷之法”。这种方法，让老百姓不用交米，改用交谷，这样百姓“可省舂碾之劳，又免米粒挑换细碎之累。”这个办法看来颇有可操作性。史料记载称，“民情亦所乐从”，这就是说老百姓认同这种办法。阮元的建“太平仓”及“粮食新政”，史料称道为“诚省垣粮储之善策也”。看来，这也决非虚妄之评，因为的确查不到粮农起来造反的记载。因为粮食问题涉及民生，一旦不公，便会官逼民反。阮元在滇举善政、做好事决非偶然，而是出自他良好的官品、官德及个人修养。

阮元在云南为官经常提醒自己要“休养民生为事”（阮元《碧鸡台记》语）。他在道光九年（1829年）的一首诗中有如下四句：

草草荒园起一台，不伤民力不伤财。
两层白纸糊虚窗，四壁黄泥垒大坯。

（作家柯平先生文《阮元：一代文化巨匠》的云南背影）

全诗的主题是崇尚朴素、简单，不可劳民伤财。

他在云南写过一篇文章《四知楼说》，可称是他为官立世的宣言，核心是光明正大，主旨是“知”，“知”后方可不畏。“四”——即“天地人我”，知——即知晓。阮元强调，举凡做事，天地人都在看。做了坏事，人在做，天在看，也“勿谓人不知也”，人要“尘埃不染而至洁”，这样就不会因为“天地人我”这四种“自然”“人物”的知晓（即四知）而感到“惧也”——也即不做亏心事就会无所畏惧。阮元阐明了“天地人我”的“四知”和“不必以天地、人我四知惧也”之后，理直气壮地说，“余在滇所居，旧匾名四知楼，因论之如此。”

如果说《四知楼说》显示的是阮元在为官方面提醒自己懂得“畏”的话，这尚称只是一个重要方面，懂得“畏”，就懂得节制自己的欲望，约束自己的行为。笔者认为，这是文明社会的一大公德，是一个人立世的一大基本准则。但畏，又是带被动性的。很多时候，它只是社会制衡的产物，譬如杀了、打了、抓了、骂了后才知畏，但如果使畏不带被动性，而是从道德修练的层面产生，这样的知畏的人，才是一个高尚的人、纯粹的人（毛泽东语）。阮元做为一个高官大吏、乾嘉学者，难能可贵的一点就是把做学问和做人结合起来，他是一位把修身立德和阐发学术思想融合一致的人。

关于这一点，可在他许多文章中清楚地反映出来，这些文章多收录于他以“揅经室”为名号的文集中。乾嘉学说，本质就是儒学，儒学的核心讲求仁，这是中国儒家思想的精髓。阮元多次考辨了仁的学术意蕴、文字指归、思想意义。关于这一方面，复旦大学陈居渊教授有大著《焦循·阮元评传》作了深入研究，甚为精妙，笔者在写此小文时大受启发，也有所借用，顺此感谢陈教授。阮元把仁解释为“克已复礼为仁”，这一见解可见之他的文章《孟子论仁论》。他认为做人一定要仁，做到“非礼勿视、勿听、勿言、勿动”而去“爱人”。或许，这些孔孟言词有点生疏难懂，他又加了个解释要“做好人”：

> “俚言之，若曰：我先自己好，自然要人好，我要人好，人自与我同做好人也。”
>
> （陈居渊《焦循·阮元评传》第505页）

基于做好人的观点，阮元一生颇多善事。在浙江赈灾济民，自己捐银万两，又曾调动30万两官银救灾，又在灾区设置粥厂，给灾民施以茶水、姜汤、药品，名声极佳，查历史上爱民如子之官，当不比阮元多有过之。他为官时，还曾有“禁溺女婴”的善举，亦足可称道。

阮元为官清正，过生日回避贺客贺礼一事，多为天下人称道。阮元位居封疆高官之列，又主持文坛，任职科举考试副总裁，说他“天下谁人不识君”是大实话，朋友、属官、门生趁他过“大寿”时持礼拜访，会成为一时“人潮”。为此，他以生辰外出的办法，如到山野寺宇之中，与家人避客于树木竹林之中，既享受了静怡的快乐，又坚守了不贪不受的节操，让那些借过生日企图取悦于他的人知道，他不收受他人的财物。（以上文字，参考并引用了郭明道先生大著《阮元评传》的文字，于此表示真诚感谢。）关于这点，道光七年丁亥（1827年），他在云南昆明过64岁生日时他的儿子阮福有记载：

正月十二日，大人寿辰。在宜园当雪晴时煮茶于竹林中，有诗一首，《题竹林茶隐图卷》，福命和一首。

（张鉴《雷塘庵主弟子记·卷六》）

这段文字，是阮元在云南茶隐避客的记载。其实，他在外省时，便有此习惯，生日便早起而遁清逸之外，喝喝茶、作作诗，让别人寻他不着，他称这种闭门却客之法为“一日茶隐”。他在云南写下的诗如下：

山隐在粤西，竹隐在粤东。
今游滇水园，所隐将毋同。
闲步玲石径，静坐深篁中。
茶烟藏不得，轻扬林外风。

（《揅经室续集·卷7》，转引自郭道明《阮元评传》第68页）

阮福所和的诗，无从考查。读其文此诗知道，生日谢客祝贺是阮元的惯例了。我们还看到一个平平常常的人，写点“打油诗”（阮元的诗总体为上品，可称高妙，只是此诗直白一点），抽抽云南水烟，品尝云茶，很是自得，被云南人讥讽所谓“阮烟袋”，此时倒真有点像了。大约是无事一身轻了，他还幽默了一把，诗中说自己，人倒是躲开了，茶香藏不住，云烟也袅袅扬出……幽默之外，又颇有哲理，人很多时候是无奈的，为高官的人，有时简直无处可藏。——这是否是他暗含的感叹？

中国最早的禁烟总督

阮元禁烟四个字，不少人也许会觉得生疏，此事言者少见，但却凿凿在书，若进一步说阮元早于林则徐禁烟，许多人更觉唐突。林则徐在中国禁烟史上，居功至伟，这是不可撼动的事实，阮元也无法跟林则徐比功。但就禁烟本身，两人所处的历史节点不同。虽然他与林则徐都同为过云贵两广之大员，但因为阮元是林则徐长辈，阮元禁烟，早于林则徐十余年，这也是事实。因任职的关系，阮元于嘉庆二十二年（1817年）54岁时就任两广总督（其前，任过湖广总督）至道光六年（1826年）就涉及打击英国商人贩运鸦片至广东事（林则徐于1838年任湖广总督，1839年封钦差大臣赴广东，节制广东水师）。道光六年（1826年）后，阮元在云南又涉及禁鸦片。说阮元是中国最早的禁烟总督，断为不诬。

中国学者最早把阮元禁烟当做事情去说的，是台湾海峡两岸共仰的学界泰斗钱宾四（即钱穆）先生，他被学界称作是中国当代学术史上少有的史学巨擘、通儒、思想家。钱穆先生《芸台传略》中写道：

> 其致仕归里之年，清廷以林则徐为钦差大臣查办广东鸦片事，奏禁鸦片，固芸台（即阮元）督两广先言之也。
>
> （刘梦溪主编《中国现代学术经典·钱宾四卷》第413页）

我们解读这位当代名人之口中言，知阮元早于林则徐说出了（“先言之”）在广东禁鸦片的话。

广东、云南在近代史上一直是鸦片荼毒的省区。总的说来，清王朝在针对广东、云南禁烟方面，不可谓完全无作为。

据《清史纪事本末·卷74》载：

> 鸦片之禁，始于雍正。其初但充药品，英商以之贩运内地，称洋药，故民间吸食者极少。至道光初，其风始炽，寻由印度传之云南，而“南土”兴。辗转传至四川而有“川土”，又传至甘肃而有“西土”，由是而至贵州，由是而至陕

西、山西。

（李春龙主编·杨名锐副主编《云南史料选编》第758页，原载《清史纪事本末·卷74》）

以上记载，知道光初年，为鸦片祸患之火炽燃而爆发的时期。鸦片中，因由云南种植且熬制的成品，称“云土”，成为鸦片毒品中的第一品牌。而道光初年，正是阮元在两广、云贵任督之时。身处这一历史剧祸蔓延时代，为官鸦片生产、交易的腹地，阮元没有沉默。据邓绍辉、夏以溶编著的《中国近代史话》载文：

1821年，据两广总督阮元《申明鸦片事例》之奏请，清廷再次重申禁令：凡洋船至粤先令行商出具无鸦片之甘结，方准开仓验货，如有夹带，即将行商照例治罪。同时，又制订鸦片开馆者议绞，贩卖者充军，吸食者杖徙……

（夏以溶主编·邓绍辉著《中国近代史话·第1卷》第1页）

与此文对证的是《阮元年谱》记载：

[道光元年（1821年）]十二月初一日……又

奏严禁夷船鸦片，查拿各处卖鸦片匪徒，拿获澳门总头叶恒树。复办理黄浦不许带烟之船入口，出具有烟愿罚货入官结，洋商出具保结，摘去洋商伍敦元等三品顶戴，有谕旨在案。

（《阮元年谱》第137页）

这两则记录，可再次佐证钱穆先生“奏禁鸦片，固芸台督两广先言之也”为不诬。因为林则徐领钦差大臣衔去广东禁烟时间为1838年，晚于阮元17年从事禁烟之行。

这两段文字说明，阮元作为中国最早禁烟的总督，禁查严厉，举措切实，是有历史功绩的。

阮元的广东禁烟成果，史料有如下记载：

“此后，（广东）烟虽不净尽，然只在伶仃洋不入口矣。”

（《阮元年谱》第137页）

这句话平实客观，它没有说阮元禁绝鸦片，只是说在阮元有效打击之下，鸦片交易在广东转入地下，于海洋中偷偷摸摸进行，毒贩不得不收敛很多，这已经很不容易了。

道光十一年（1831）年，有史料查，阮元在云贵总督任上，于三月、六月两次上奏朝廷禁烟，态度很明确，方法也很具体。这些，都在《清实录·宣宗实录》中有记载。

阮元在奏折（即《议复查禁种卖鸦片章程折》）中写道：

> 滇省边隅，民风素本淳朴，而接壤越南，又近粤省，遂致有鸦片烟流入滇境，效尤吸食之事。而沿边夷民，因地气燠暖，向种罂粟，收取花浆，煎膏售卖，名为芙蓉，以充鸦片，内地人民，以取罂粟子榨油为名，亦复栽种渔利。

此则文字转摘自柯平先生文章《阮元：一代文化巨匠的云南背影》，这同一奏折文字，亦收录于《云南史料选编》，但与柯平先生所录略有出入，辟如，柯文为“治边夷民”“内地人民”，《云南史料先选编》为“沿边夷民”“内地民人”，现参照两出处，折中而成，于此向柯平先生及《云南史料选编》主编李春龙、杨名镜先生谢准引之便。读这则文字，可看出，阮元同清王朝的许多有慧见的人，已经看到由于云南处于特殊的地理位置及周边环境之中，吸食、售卖、栽种鸦片的形势日趋严峻。对此，他和伊里布一起上奏云：

> 滇省沿边山僻，民夷土司中，间有偷种（鸦片烟）渔利之事，即应明定章程，严行惩创……

（《云南史料选编》第755页）

这段奏议，值得注意的是如阮元这样有远见的政治家，提出“明定章程”严打严惩，这可视之为阮元建议朝廷在禁烟方面由“人治”改为制度层面、法治层面的治理，如真能做到这样，定是中国禁烟之福，可惜，所有的独裁王朝均不具备法制素质。事实证明，道光朝“人治”禁烟，一会说禁，一会又不再复言禁；一会说，不怕禁烟大臣严格，就怕松软；一会又责备禁烟大臣过严，伤了国体……凡此种种，皆见“人治”的危害。

阮元的章程又有些什么呢？以事后诸葛亮式的看法去评论，虽有不尽人意之处，但颇具这位提倡“实事求是”的乾嘉学人的行事风格，阮元的禁烟章程内容很有特色：一是“随时严查并于每年年终具奏一次，毋致日久生懈。”这就是说要“常态化”，保持“高压态势”。第二是：“每年冬令罂粟出土之时”“会同营员，亲往中查锄毁一次，次年春未，开花结苞之时，再查锄毁一次。”这就是说不让罂粟出土发芽、开花结果。这颇如电视上当今金三角的某些铲烟画面。阮元虽老，腿又有病，尚不忘亲历亲为。第三是：将种烟之民的田地收归为土司的练田，土司查办不力，查处土司。这第三条，颇具釜底抽薪的味道：绝！

对于阮元奏折上述云南鸦片泛滥的情况，道光皇帝谕示认可，治理因云南“多深山穷谷，若不峻立其防，则奸民易犯”，支持从严治理。但道光皇帝对于阮元以68岁高龄还要亲临鸦片种植现场查处铲除一事，却表示不可相信，皇帝原话为“铲除二语，殊觉不实。若令种植之家锄毁，是必不可信之事……道光皇帝似乎对阮元的办法越说越生气，认为是“无此查办之法”“有名无实”，而且会“转滋纷扰、无非多增一弊，所议不过纸上空谈，于事何济。”这位皇帝还说，“不必拘定月日”“如有奸民私自种植，即行拿究惩办；倘无私种，将来因案发觉”再行查办云云。（引文见《云南史料选编节755页）

阮元收到皇帝喻旨的反应，我们不得而知，想来，被泼一瓢冷水的感觉应该是会有的，报国无门之怨，也是会有一点点。道光皇帝对云南禁烟的批示，大可称糊涂。他竟然把云南民间普遍私种鸦片的既成事实，轻描淡写地说成是“如有”或“倘无”，而“不必拘定月日”之说，即可理解为可以缓办或不办。

道光皇帝（1782～1850），名旻宁，嘉庆皇帝次子，1820年即位，在位30年。以他的气质、才华、治国方略，均不足以应对中国近代史上风雨变幻的天下大势，他对鸦片战争的失败，负有领导责任。道光皇帝的吏治之道，如其父其爷爷一样，对亲信官员，动不动赏点荷包、干果奶饼、人参、食肉、茶，小恩小惠拉拢，表面上很有人情味，实则视属官为家奴。官员呈报之事，动辄以“万事通”“百事懂”自居，懂与不懂均指指点点，虽为封建皇帝之惯态，如他那点臭水平，也为误国之必然。

道光皇帝禁烟，态度有时严，有时松，左晃右摇，出尔反尔。如1838年，他任命林则徐为钦差大臣赴广东禁烟时，曾说："不患卿孟浪，只患卿畏葸"。又对林则徐施之隆恩，时人羡称林则徐受到清朝开国二百年以来，汉族官员从未享受过的旷典（即恩典），林则徐也下定赴汤蹈火、视死如归的决心，放开手脚禁烟，却立马成了罪人，这已是天下共知的事情。1840年8月，道光皇帝于英国人发动鸦片战争之后，惊慌失措，自食其言，相信投降派攻击林则徐的言论"断绝贸易，烧烟起衅"，将虎门销烟的林则徐革职充军新疆，并以此为姿态，派投降琦善为钦差大臣到广东向英国人求和。对比这位皇帝欲任命林则徐出行广东之前，一次一次复一次地召见，又是劝勉林则徐放手放胆禁烟，又是赏赐林则徐享受在城中骑马，以及骑马、坐轿上朝的殊荣。两年之间，钦差大臣变"戍卒"（林则徐自称之词），充军新疆，脸色变得那么快，简直判若两人。

道光皇帝对禁烟奏折的批示不着边际事，不仅见诸阮元。他对江南道御史袁玉麟严于禁烟的上奏，也是模棱两可，态度貌似平允，大谈要"体察情形，通盘筹划，行之久远无弊，方为妥善。"（引文转自《中国近代史话》第二卷第7页）大概意思，也是禁烟要慎重，这与他在另外场合说的话也大相径庭。

综合以上所述，阮元摊上这么一个皇帝，在禁烟问题上，实在也难出更多更大的成果，他能在中国禁烟史上留下颇浓重颇精彩的一笔，已属不易。

说到禁烟的事，我们还应提到一个云南人朱樽，他堪称是中国禁烟史上光彩夺目的先贤。《辞海》为朱樽列条目云：

> "朱樽（1791～1862）清末云南通海人，字仰山，一字致堂，嘉庆进士。道光十六年（1836年）太常寺少卿许乃济奏请弛禁鸦片。他时为内阁学士，最先上奏驳斥，建议道光皇帝重申禁令，对贩卖吸食鸦片者处以严刑。奏折传颂一时。后官至礼部尚书。"
>
> （《辞海》第97页）

此条目不长，但他"最先上奏驳斥"许乃济及"奏折传颂一时"已为云南人长脸。

朱樽批驳的许乃济（1777～1839），浙江仁和人。1833年5月，他任广东按察使。为四品官员，他身负稽查鸦片的重任却不在禁烟上想办法下功夫，终于堕落成为中国历史上臭名昭著的弛禁鸦片官员。当时一个因罢官回广东的士绅何太青跟许乃济过从甚密，何太清向许建言："不如先罢禁例，听民间自种罂粟，食者转利价廉，销流自广。夷至者无所得到，招亦不来。"以何太青之见，放任老百姓种大烟，英国人也就请也请不来了，那么，鸦片战争也就不会发生了。何太青还无知预言，如照他的办法办，"不出20年"，鸦片"将不禁自绝"，真是奇谈怪论，却对许乃济产生影响。

许乃济于1836年从广东调京任大常寺少卿，6月10日，他向皇帝上奏，拾何太青之牙慧，加上自己的见解，全面主张弛禁鸦片。他的主张共分三个大点：第一，在贸易上取消禁令，恢复鸦片照药材进口纳税的办法，双方交易时，以货易货。第二，吸食上，只禁官吏、兵丁，不禁民间吸食者。第三，在种植上，听任民间自便自愿。许乃济弛禁论的主旨，是鸦片无害论，核心是取消禁烟法令。他还自谕是“据实直陈者”，他的办法是“裕国（即富国）”之计。道光皇帝看到许乃济的奏折，并没有认识到弛禁论误国误朝的危害，也没有大发脾气，却御批两广总督邓廷桢等，对鸦片问题进行调查，再“妥议具奏”。对待许乃济的奏呈，再次暴露道光皇帝在对待重大国事上的平庸。两广总督邓廷桢接谕后，拟就的复奏章程9条，附和许乃济弛禁之说，引起朝臣猜想，以为朝廷要改变持续已久的严禁鸦片方针，尤其是那些见风使舵、明哲保身的院部官员，便不敢再言禁鸦片。眼看着许乃济一搅和，清王朝禁烟风潮渐变，长此以往，弛禁派将更加得势。就在这种形势下，云南人朱樽目光远大，头脑清楚，看到弛禁论的荒谬。

朱樽于1836年9月19日上奏反驳许乃济的奏折，文词严正，意趣高贵，坚持法度，今天看，是维护了人类的道德底线，爱国、护乡、慈民是奏章的基本旨趣，所以才会被天下传诵于一时。

朱樽上奏的主旨是，禁烟之法必须坚持下去，不容废弛。他还逐条批驳许乃济允许吸食、种植的谬论，均正气凛然。他的最后结论是，朝廷应该“重申禁令，严切晓谕，旧染漓浴，咸与维新。”（引文转自夏以溶主编、邓绍辉著《中国近代史话》）

朱樽的上奏，最可贵的是，面对道光皇帝貌似周详，实则昏愦，貌似公允，实则放纵的谕示，他不去猜度朝廷气候会有什么转变，敢于理义为先，仗义直陈已见。朱樽疏奏的最大价值是，鼓励了当时处于颓势的清朝那些曾经主张禁烟的大臣的勇气。许乃济的言论一出，皇帝态度捉摸不定，许多朝臣是在禁和不禁间左右摇摆，持观望态度，他们的确需要一位智勇双全的人出来扶他们一把，匡正他们的人格，接济他们的勇气。果然，继朱樽之后，不久兵部给事中许球也站出来反对实行弛禁鸦片之策。并主张立即拘留来华居住贩卖鸦片的外国9名鸦片大枭。朱樽上奏不到两个月，同年11月12日，又一位官员，江南道御史彭玉麟也站出来驳斥许乃济，严词反对鸦片弛禁论，指出弛禁鸦片有“六大”害处，是违背祖制的办法，有同撤藩篱而饲养虎狼之策，绝对不可实行。彭玉麟之论甚妙！说是违背祖先规矩（祖制），这还了得！

朱樽、许球、彭玉麟在朝中都不算是官职极高的院部大臣，那些多如牛毛的清廷一品、二品官员为什么不见他们出来说话呢？这倒是一个值得研究的有趣问题。当时，他们三人的职位不算高，不是一品、二品大官，但他们的建言理义价值处于一品或极品的高端，故此影响中国禁烟大势的力量也是很大的，天下人在拭目以待道光皇帝如何决策。道光皇帝犹豫再三，最后还是选择放弃弛禁论。皇帝态度的明朗化，也影响了邓廷桢这样的高官，从同意弛禁转向力主严禁的立场，邓廷桢也以正面形象成为了青史留名的清朝官员。1838年10月28日，道光皇帝对许乃济以革职处分，“降为六品顶戴，即行休致，以示惩儆。”后来，道光皇帝采取了一系列强硬的禁烟措施。包括起用林则徐禁烟……这都是后话了，这位皇帝翻起脸来，那些个作为也是有得一看的，只是，他还会再把脸翻过去的呀！这，有的我们前面已提到过。

我们列叙阮元、朱樽、林则徐的禁烟功绩，是为了表达我们对云南本地或与云南有关的禁毒先贤的敬仰。从云贵总督阮元起，到朱樽，再到云贵总督林则徐（1847~1849任职），云南先贤们为中国禁毒事业前后承继地奋斗不已。种毒、吸毒、贩毒，云南一度为重灾区，有“云土”之称的鸦片品牌，更是使云南蒙上阴影。但我们记起这三位赫赫有名的禁烟人物，尤其是朱樽的奏折，阮元、林则徐一度的云贵总督职务，我们心情会变得好起来，因为有了他们，我们看到了云南历史上熠射过的禁毒光辉。（作者谨记，此章，曾参考、引用、借用了夏以溶、邓绍辉两先生的《中国近代史话》，于此表示谢忱。）

第二章

乾嘉学派“重镇”阮元

从“不通”说起

举凡一个名人，往往在绚丽的名声光环之下，跟随着一件件轶事，一串串骂名，千秋百代，几乎竟成定律，概莫能外。阮元在云南，也未躲过不尊之议，甚至有传闻说，他在云南遭到街巷相讥，俚诗童谣称之“不通”。以“不通”之词相讽刺，于别人尚可，于阮元则令人吃惊，其程度当不亚于说陆游不会作宋词，白朴不会作元曲、王文治不会写书法、龚自珍不会作律诗……均令人错愕。不过阮元遭贬损也不是云南这一次。

人无完人，名人也决无完人。书刊中传闻中的名人更无完人。查《清代名人轶事》一书，遍列中国清代文坛翘楚们各种传闻，关于阮元的轶事倒也有两三则，带嘲弄性的，共两则。一是说他不孝，这真是天大的冤枉，阮元是大孝子，是清人公认的事实。二是说他在金石考据上犯傻。这件事情，经过大致如下：一个年轻人，久闻阮元在金石学上的名声很大，就存心考考他本事到底如何。只是这个年轻人的办法纯属今天说的恶搞。年轻人买了一个面制的烧饼，在纸上拓印了一个形纹，说是这是古代的一件形器，但不知于何代，自己才疏学浅，寄来拓件请他这位大家鉴定。结果经阮元认真考证一番，鉴定为该物的确为古代名器，拓件图形有案在录，可见之于《宣和金石谱》。这是一个典型的恶作剧，一度笑传晚清民国之间。其实，阮元是至今公认的金石大家，收录此轶事的《清代名有轶事》，为国内出版社20世纪90年代正式出版，全国发行。当然，除上述可定性为恶搞的事外，关于阮元的学术思想，也有个别学者的批评意见，刊行于世，这是很正常的。说阮元的"不通"，在云南流传甚广，影响颇大，下至当今黄口乳儿，上至耄耋老人，均有所闻，缘起于阮元在云贵总督任上，因修改《大观楼长联》引起的一段麻烦。《大观楼长联》是昆明的文翰之宝，一张名片，全联计180字。文采华茂，意调高古，写景则风流飘逸，抒怀则高旷邃远，为云南人所钟爱。《大观楼长联》有"海内第一长联"之誉称。

顺便提一下，当代老一辈革命家毛泽东、邓小平、陈毅还有学者郭沫若先生均很欣赏大观楼长联。

如毛泽东，他能背《大观楼长联》，称道长联："从古未有，别创一格"。1958年3月8日，他在成都主持召开中央工作会议时，曾要求云南省领导读一读长联，特别提醒要注意长联上联结尾几句："莫孤负：四围香稻，万顷晴沙，九夏芙蓉，三春杨柳。"真是意味深长。于今观之，毛泽东用意是"莫孤负"三字上，提醒大家加倍努力，把边疆建设成为诗情画意之邦。

另，笔者亲见，《新华文摘》中有记载邓小平让子女背诵《大观楼长联》的文字。

大观楼长联作者孙髯，号髯翁，祖籍陕西三源，生年不考，长于云南，终老于云南，是位“老昆明”了。孙髯才华甚高，通历史，工诗文，淡泊名利，不肯参加科举考试，哪怕是云贵总督、昆明府官、书院山长这样“重量级”人物劝说，也拒绝应试。清代大儒崔述写过一幅对联，报极富文人个性，颇有名：

向山野藏其迂拙，
把功名付与英豪。

这幅对联旨趣非常明显：文人与热衷功名的人比起来，真是又迂腐又笨拙，那就认命了吧！让那些“英雄豪杰”去争名夺利吧！孙髯不去参加科举考试潜意识大约便是如此。

清代大儒钱玷，写过一幅名联：

文翰之美高于一世，
淮海之士傲气不除。

把“淮海”改为“云贵”，简直就如同在写孙髯。孙髯终生贫穷，老年住在圆通寺咒蛟台。有位云南文化名人师范曾去拜访他，留下这样的记载：“白发古貌，兀坐藜床上，如松阴独鹤”；以诗歌请他指教，则“拍案敷陈，目光炯炯射人”。从这些片断推断，孙髯个性奇绝，为慷慨激昂之士，处世孤傲，真率、坦荡，为一性情中人。徐嘉瑞先生认为孙髯死于乾隆三十五年或三十六年，即1770或1771年，阮元出生于乾隆二十九甲申，即1764年，那时阮元还是个六七岁的孩子，两人是生死交替的两代人。孙髯不仕科举，阮元却是科举顺达之士，孙髯大约不怎么敬重皇帝，阮元却因为一篇论文、一首关于“赋说眼镜”的诗而大得乾隆皇帝的赏识提拔，这是因为乾隆皇帝发现，阮元的诗文，除有真知灼见外，还有一种效力朝廷的报贸，恭崇皇帝的善意。说到阮元这首《眼镜》命题的圆明园“翰詹”（即翰林詹事一类的官员）考卷，今人听来，有如《天方夜谭》中事，但乾隆皇帝的确在“大考（翰詹）中以赋《眼镜》诗”，即以《眼镜》为题考天下已取得科举功名的文士。阮元原诗16句，每句五言，当年这位大具诗才的文艺青年，着力调动人间妙曼之词，赞颂眼镜如何之好，是“欧罗”（即欧洲）雅制，是“连环”“合璧”，是“玉鉴”“精盘”，其作用是风中可以挡尘，花下可祛雾……但最后，起承转合，吟出四句诗，大意是赞扬八十多岁的乾隆皇帝，眼睛很好，他老人家，原来并不老呀！至今“天目”视物，不须戴眼镜（“瞳重不恃他”“圣人原未御”）。史载，这首诗为乾隆欣赏，其中说乾隆不必戴眼镜之句更为乾隆“特赏”，阮元由七品升至四品，即在这次大考之后。

以上述文，目的是说明，阮元、孙髯经历、地位及立身处世态度各不相同，他们的诗文见解也会不甚相同。那么，阮元改孙髯的联词便多了几分必然性。修改长联的具体时间不详，但应在道光六年（1826年）之后，与阮元同期修改长联的，还有一位程含章先生，他的修改意图如阮元同，效果同样不可恭维，只是程含章骂名不显，大约是因为阮元名高位高，便当了挨骂的首选目标。说是挨骂，有点过分，但滇人为阮元改联群起而批评他，倒是事实，百年后的1955年，一篇述及阮元改《大观楼长联》的文章，再度表达了云南民众对阮元修改长联的不满。这篇文章的影响很大，让读者记住了阮元“不通”的俚诗。

这篇文章题目是《昆明大观楼长联与作者孙髯》，有如下一段话：

> 阮元不但修改孙髯原联，甚至把孙髯原联从大观楼撤去，把他自己写的对联掛了出来，引起当时人士的不满，啧有烦言。当时有过这样的一首讽刺诗：软烟袋（阮芸台）不通，萝卜韭菜葱，擅改古人对，笑煞孙髯翁。

（《徐嘉瑞文集》卷2第587页）

请注意，作者行文中引用了一首五言小诗。这首讽刺诗不知出于何人手笔，但出自于鸿儒之手可能性小，出自于一般儒林士子之手可能性大。它先是传唱于巷陌之间，但后来，一定也被云南士林认同。

引文作者是我们所敬重的云南一位大学者。他心中自然不会不知道阮元的学术淹通，而且这位学者为人持正，人品极佳，决不会有意中伤阮元。他指证阮元修改《大观楼长联》不妥，事出有因，具体行文，也是有见之论，无可厚非。他引用的讽刺诗本身，真实存在，诗出有因，也非全无正见。只是，这首小诗，云南风味浓厚，生动顽皮，朗朗上口，通俗易懂，过目难忘。这篇文章的其他段文字，被人淡看了，引用于文章中的这首小诗却于清至民国的多年沉寂后，又重新挂在人们的嘴上。我们这里提到的短文是那位学者应外事办要求而作的，“于1955年10月印成中英文对照单行本，1956年7月载《云南日报》。1957年9月5日载《人民日报》。”可谓名家之作，流传甚广，20世纪60年代中，又作为云南乡土补充教材，由云南省教育厅印发至各中学校供高中生阅读，进一步造成影响。至于产生的别样效应，当是作者始料不及的。此外，此文发表的年代，崇尚厚今薄古，古代文化及文化人可以被随便罩上“封建”“反动”“腐朽”的帽子，加以无情“批判”，阮元也必在可挞伐之列。于是，一个“不通”的阮元，便在往后的几十年中，悄然定格于云南民间。专业研究文史的人士提起阮元，联想到“阮烟袋不通”的俚诗，禁不住哑然一笑。20世纪50年代后的几十年中，偶尔也有为阮元“不通”作辩解的学人，但声音不大。

阮元在云南改大观楼长联，使他在云南人眼中的正面形象大打折扣。其实，想修改《大观楼长联》的人也不只是阮元、程会章两人，如清代名人梁章钜就嫌此联“未免冗长”。只是结果只有一个，无论你是何等“高人韵士”，想对《大观楼长联》删删改改，终将败下阵来，无功而返。

有清人杨琼称阮元修改《大观楼长联》为“多事”，这实在是最高妙又善良的批评。比杨琼之论尖锐、激烈的文字批评阮元，散见于各种书刊中。如一位学兄曾评言：“阮元也是学问人，‘擅改’长联的结果，于长联无损，倒坏了自身的身后名，聪明人做蠢事，确实值得深思。”——应该说，这一观点虽觉激烈，但又确为滇中定见。更激烈的评断则于文章中称“阮元之流”，说阮元改联，是“长联之辱”“阮元不是个东西”。

《大观楼长联》之好，人所公认。阮元遭此批评，是他蹚了一汪不该蹚的浑水。

我们现在回过头来看看，阮元如何改《大观楼长联》的。为让读者看起来方便一些，我们把阮元改词及孙髯翁原词并列到一起，于阮元改词左右加括号以示。

五百里滇池奔来眼底，披襟岸帻（凭栏向远），喜茫茫空阔（波浪）无边！看东骧神骏（金马），西翥灵仪（碧鸡）北走蜿蜒（倚盘龙），南翔缟素（训宝象），高人韵士，何妨选胜登临（惜抛流水光阴），趁蟹屿螺洲梳裹就风环雾鬓（衬将起苍崖翠壁），点缀些翠羽丹霞（早收回薄雾残霞），更蘋天苇地，莫孤负，四围香稻，万顷晴（鸥）沙，九夏芙蓉，三春杨柳。

数千年往事注到心头，把酒凌虚，叹滚滚英雄谁在！想汉习楼船，唐标铁柱，宋挥玉斧，元跨革囊，伟烈丰功（爨长蒙酋），费尽移山心力，尽珠帘画栋，卷不及暮雨朝云，便断（藓）碣残（苔）碑，都付与苍（荒）烟落照，只赢得几杵疏钟，半江渔火，两行秋（鸿）雁，一枕清霜（片沧桑）。

（马曜·徐演主编《徐嘉瑞全集》第589页）

总之，阮元在云南，于诗于文，年过六十而不“耳顺”，改《大观楼长联》声名受到重创。不过说到底，也就是一种文人本性的显现，因为士林自古有“推敲”修改之说，若硬要说其是“擅改”便有点言重了，若说其“不通”，当为不实之词，由此导致对他学术人品的否定，亦为不当。阮元多少有点冤枉。细细一对照，阮元的改词自有历史、学术文学底蕴、不难看出，自有一种“大家”风范掩遮不住，但“大家”也不可能事事高明，阮的改词的确比孙髯翁先生差一大筹，这是就文采而言。但若就思想性而言，则更不敢恭维，阮元作为大清王朝重臣，乾隆、嘉庆、道光皆恩加于他，事事维护朝廷正统，这可视为人臣愚忠，这是个人官品，而不推及大众，老百姓不见得个个崇尊皇上。阮元批评“孙髯原联，以正统之汉唐宋元，伟烈丰功，总归一空为主，岂不骎骎乎说到我朝”，这就是把作联写词纯政治化了，强调什么“扶正消逆”又让人联想到清王朝残酷至极的文字狱，这就难为更多人接受。阮元的改词“爨长蒙酋”也颇有刺眼之处，令人想起历代朝臣们喜欢使用的“蕞尔”小藩一类的奏词，这在云南这个多民族省份亦不受用。

我们查阅了云南相关史料，关于阮元的记载、评说、研究文字，深度简直谈不上，而且少得令人吃惊，这与他曾经任职的其他省份形成反差，且可称之为强烈反差。至今，看不到一本《阮元云南事略》一类的评传文字，似乎与这位在云南任职九年的大清疆臣、文化巨擘地位很不相称。至今虽然昆明黑龙潭、翠湖多少留下些阮元的行踪，但也就仅此三四处而已，他人一走，不可以说云南对他失语失忆，倒也差不多了吧！与外省相比，那些表彰他的旌文不绝于耳，奏请他入乡贤专祠的文词历历可见。如《御制晋加太傅衔致仕大学士阮元碑文》《赐谥文达前浙江学政巡抚原任太傅大学士阮公专祠录事实》《粤东绅士公请前两广总督太傅阮文达公入祀名宦祠启》《赐谥文达原任太傅大学士阮公乡贤录事实》《阮元达公传》《阮元达公事略》《阮元传》……不一而足，尚有多种还未录名于此。我们不得不说的是，读到云南述及阮元的史料史事中常常有云南文士顺势点评一下，字里行间流露出对阮元的不恭或嘲讽。且不论涉事的这些位云南文士的评价高或不高，精或不精，是或非是，但轻慢之情绪已不可掩饰。我们无意去评正其他人应该如何评述阮元，我们只是想说，如有文会机遇，云南文化界尚可增加些阮元研究的内容。

我们曾经读到云南文士借官方正史暗责阮元的话。另外，我们的朋友，有的是学者，在点评阮元时，也有顺便暗讽阮元之言。我们于此要声明的是，我们引述这两桩事情，这决不是说云南志书或学者朋友们不该说、不能说，或者是有什么说得不对，而有加以指责的意思，只是想引出一种信息，在清代，外省学者就曾指出云南文士有不“尊尚”阮元“学问”的看法：

> “阮文达以滇督内召，晚年荣遇极矣。其学问，滇人不甚尊尚……”
>
> （钟玉发先生所著《阮元学术思想研究》第170页）

上面的引文源出于清代大儒，曾以督学江苏、创办南菁书院、续修《皇新经解》名世的王先谦先生。虽无考王先谦先生为何说出“滇人不甚尊尚”阮元这句话，根据又具体为什么，但名人断论，不容轻视，一定自有其道理。对证云南儒林文坛，王先谦先生之语，断为不妄。由此，我们是否可以说，云南士子，于阮元评论问题上，是否真有可思省之处？

编修（道光）《云南通志》

阮元在云南的学术活动，最为重大的事件，当首推编修（道光）《云南通志》。编竣之后，阮元定名为《云南通志稿》，但后人一般称（道光）《云南通志》或《阮志》。倡修（道光）《云南通志》之始，当为道光六年（1826年）阮元入滇之时。其前阮元曾于两广总督任上，于嘉庆二十三年（1818年）始倡《广东通志》修纂，至道光二年（1822年）历时四年，终成大编。有清一代，各省方志总量达5800余种，《广东通志》是其中最好的一部。《广东通志》亦被梁启超称为《阮志》，他曾称评："广东《阮志》，其价值久为学界所公认。"阮元在先后相继任职的两广、云贵总督任上均有修纂一流省志的建树。阮元为什么于入滇第一年便想到要修（道光）《云南通志》，详细情况已不可知，考察他在文教方面的种种所为，以及修改《大观楼长联》时显现出来的维护清王朝的愚忠看来，他似乎不是因私而图，一是文人本色，对文化历史传承的负责精神，二是在为皇清云南树碑立传。没有掺和个人的私欲而修志写史，对于一个位居高位的总督，当属不易。历史上，省、州、府、县主官借修志之机，为一己营私的丑行并不鲜见。据云南的文史专家们考辩，阮元之后的（光绪）《云南通志》的主修者云贵总督岑毓英，就没有那么纯良，此种志书巧立为岑总督及其属人表功立传的篇目，具体说来，就是编纂者把咸丰同治年间有关“戎事”“军务”的记载有意增加为九卷之多，显得十分臃肿，目的是为岑毓英“表功”。史书中的“忠义”“烈女”事尽为岑总督任上的人和事，再加上其他种种弊端，如图拥虚名、“希旨迎合”“循私纳贿”……这部志书不具备诚信传世的价值，“世咸病之”。这些，已被周忻、李友仁、郭春莲、李安民、魏玉坤诸先生编纂的《历代昆明地方文献述评》所列举，又为李友仁、何永新、王水乔诸先生主编的《云南地方文献概说》所指证。

再查云南修史的历史（中华人民共和国成立以前），可称之为省史的志书共有22部之多，这些地方通志，均列述于《云南地方文献概说》第60～72页之中。这22著中，最早之著为《华阳国志》12卷，晋人常璩撰，云南史事集中在该书《南中志》内。查该书作者的东晋年代为公元317～420年间，书史云南的史事涉及年代为“自远古迄于东晋穆帝永和三年（347）。第三著为（大德）《云南志略》4卷，为元人李京所著。这里提此著作，是因为，云南之称，早些见之汉代，只为县名。唐代，云南之名为这个广阔边疆的代称，但云南尚不能称省，其属地的大部分归于幅员广阔的地方政权南诏管理。南诏政权的属地，也被唐人泛称云南，如唐诗中便有“闻道云南有泸水”之句便可相证。唐代云南地区的中心亦不在现在的昆明。云南正式称之为行省，则始于元代，那么，（大德）《云南志略》的特殊意义则可明读。22著中，明代志书共8部，清代志书11部。第一部清代志书成书于清康熙二十二年（1683年）至康熙二十三年（1684年），惜“抄本未刊，未见传世”。未见传世的还有列于此22志中的第14位的《滇志略》，纂辑者谢圣纶，编修于乾隆年间，历时十余载，花工夫甚大，竟未流传，实为可惜。这22著中，有多部被云南省图书馆的学者们“有限”肯定，仅称其为“有一定资料价值”或“具有一定参考价值”。被批评为“难以信今传后”“不足征信”即予以恶评的计有光绪年间编修的两部《云南通志》。予以高评的云南地方通志不多，以明代志书居多，清代的则更少，阮元《云南通志》为高评之最者。

阮元（道光）《云南通志》在清代即有良好的评断，当代学者也常常将其与《广东通志》并称于世。

郭明道先生大著《阮元评传》一书中第12章《阮元的史学》，专辟第五节评价《云南通志稿》（即〔道光〕《云南通志》），称此书有四大“特色”：“门类系统划分的创新”“讲究总目排列次序的内在逻辑联系”“繁简得宜，专引成书，不作议论”“于考订最为注重，可谓超越前人”。郭先生之评，属有见之见。

还应提到（道光）《云南通志》的另一位主持者云南巡抚尹里布，用我们今天的话称，可谓“编委会副主任”。尹里布（1772～1843），字莘农，镶黄旗人，嘉庆六年（1801年）进士。从他留下的著述看，是有学问之人。嘉庆十九年（1814年）任云南府南关通判，第二年升腾越知州（亦有说嘉庆二十五年（1820）方任此职），道光五年（1825年）任云南巡抚。有文献称：巡抚“不是总督的属官”“会同总督辖一省军民要政”，但官阶低总督一级。道光十五年（1835年）伊里布在阮元离任云贵总督后继任总督之职并接手（道光）《云南通志》的编修。其后曾任“两江总督”、“协办大学士”、“钦差大臣”、“广州将军”，可谓官身显赫，云南史书一昧多称其官风、官德、官绩如何之好，其实，查《中国近代史知识手册》及《中国近代史话》则知其有大恶留世，是一位晚节未保的人，主要是在外省及钦差大臣任上，为鸦片战争时代一大软骨头大臣，“惧怕敌人（英国）的坚船利炮”凶猛攻击林则徐，又是代表清政府签订臭名昭著的《南京条约》的两个主办大臣之 。此事凿凿，令人感到惋惜，因为他在云南时，并非为“乏善可陈”的人，应当称为好官。

人才决定事业的成败。阮元编修（道光）《云南通志》有一个条件是有士可用，其核心人物是王崧。王崧是云南本土的大学者，史称“南中大儒”，是清代云南一位学术领军人物。《清史列传》立传云南学人者不过二三，他是其一。《新纂云南通志》第9册第305页载文称：“与江左诸儒争泛博者”王崧与保山人吴树声“庶几无愧色哉”——这即是说王、吴二人学养之深，可直比中原、江南学界——江左泛指长江以东地区，又指江南其地，因王崧曾仕山西，故加称中原。王崧，原名王藩，字伯高，又字乐山，号酉山，生于乾隆十七年壬申（1752年）十月九日，卒于道光十七年丁酉（1838年）十二月二十八日，为云南浪穹县（今大理州洱源县）人。王崧祖上为江南上元县人，因明初入滇，有功封为“土典史”，即世袭土官。王崧于其著作后，题记为“原任山西武乡县知县臣王崧编纂”，不强调土著身份，亦是诚心效忠清朝的命官、学人。学者李春龙先生点校《云南备征志》时于前言中赞其任山西武乡县知县之时，文化多善举，“治事之暇，修葺鞞山书院，捐膏火置书籍，以所学教授邑人”，还主讲山西著名的“晋阳书院”。他学识渊博，治学严谨，为山西学士所尊崇之。说到王崧治学之善，这是有史可证的，《新纂云南通志·儒林传》称王崧“据经言史事，广摭博讨”，这便是说他渊博；又称他“不为怪诞异众之论，议皆典则可观……”这便是说他从不哗众猎奇，学有渊源。

顺此介绍，王崧主修（道光）《云南通志》，手下有一位浪穹籍的青年才俊杜允中功不可没，几十年未见人提到这位乡间学士，不能不算是令人遗憾的事情。这位杜允中编修干的是“学问活计”，主要是“参稽典故”，辩其正缪，补其遗漏。杜允中是王崧最为赏识的才子、得力的助手，可惜“略书垂成”“积劳致疾”，31岁便英年早逝，“滇中人士莫不伤悼”，王崧失才之痛，自然不轻。杜允中是为云南文化事业殉职的青年。以上事见《新纂云南通志》第9册第304页。

说到阮元主修的（道光）《云南通志》，始于道光六年（1826年）终于道光十五年（1835年）。这么说，阮元是一入滇便与王崧联系上了，这又只是一个推测。但两人见面是必然之事，尤其是于王崧而言，他与阮元见面，是涉及人生命运转机的大事，应该称之为刻骨铭心。道光六年（1826年），虽然王崧年纪比时年63岁的阮元大一轮整12岁，但阮元其实是王崧伯乐、“座师”（科举考试中的考官）一类的人物，他们两人早就相识于科举场上。

查相关史料，嘉庆四年己未（1799年）阮元36岁时，署兵部左侍郎，不出两个月时间，又署户部左侍郎，四天后，于同年三月初六日“奉旨充会试副总裁”，总裁为“体仁阁大学士”资深高官大儒朱珪。因为“朱总”信任赏识阮元，让阮元“一人批阅试卷”，阮元加班加点，三天三夜之内，由1300份试卷中遴选出200位才士的考卷，再“分为三等，以观头场”。这说明，清王朝考选国家人才——“进士”这件会试大任，阮元是一位任实职、干实事的主考官。对这件事，阮元多年不忘，朝野也多好评，认为会试总裁们善举贤才，天下之士“几乎一网尽收”。查此次会考，云南有6人金榜题名：晋宁李翃、何钟泰，石屏杨汝达，楚雄周锡章、刘陶，浪穹王藩。

王藩就是王崧，王崧时年48岁，这样一算，1799～1826年阮王相识已达27年之久。这么长的人生华年，两人于学问中，都各自有长进，王崧的著述也被阮元所赏识。顺此，我们要感叹一番，古代科举考试真不好玩，无怪乎唐人写诗讽刺道：

太宗皇帝真长策，
赚得英雄尽白头。

我们推述（因无确证），道光六年（1826年），阮、王相见，必述当年文交、神交、面交之谊，七十余岁的王崧带上他的学术著作《说纬》请阮元阅看，阮元"读而好之，重赏其才"（见《新纂云南通志》），给北京学界上书推荐评价王崧的著作，存之于"四库"之中，使王崧的著作成为"治国故者"的参考之著。抑或，因这次相见，延请王崧设馆主修（道光）《云南通志》的事情，也成为阮元的定见？前面笔者已盛赞云南学者李春龙先生点校云南史志功劳巨大，他曾于《云南各征志》点校本前言中称"道光六年（1826年），开馆纂修（道光）《云南通志》，云贵总督阮元遂延为总纂。"这说明云南设馆编志，王崧是阮元的不二人选。王崧编修（道光）《云南通志》倾心尽力，也是不争的事实。只是王崧没有在志书主纂岗位上任职到最后。而且，他在"总纂"位置干了几年也未见详载。道光十五年乙未（1835年）阮元72岁调京"补授大学士，管理刑部事务"后又以"体仁阁大学士"身份"管理兵部"，云南巡抚伊里布以新任云贵总督身份接修《云南通志》，伊里布接任云贵总督具体时间在同年"六月初八日"（史载阮交伊云贵总督大印于是日）。由于伊里布与王崧在编志事上意见不合，王崧以家事不可分身辞职回家。王崧时年84岁。后继者为李诚。笔者写到这里，需要提醒后代读者的事情是，云南之论者，众口一声于多篇文章中说过类似的话即：“后崧因与继任者意见不合辞去，由李诚踵其事，道光十五年（1835年）成书”，“由伊里布序而刊之”。若真如此，那么王崧从“继任者”，即新任总督伊里布那儿离开的时间，应该是短之又短了，当不过几个月而已，李诚继任后还能在这几个月有什么更多作为，实属不可能之事。一言以蔽之，若遵从云南方志界的说法，王崧离任时，（道光）《云南通志》一书大体已成书稿之定型。

当然，还有一些细节值得注意，一是阮元曾于道光八年（1828年）十月至次年三月离开云南，又于道光十二年（1832年）十二月中旬至次年七月下旬在北京另奉他职，会不会是在这两次离开云南时，把主持修志任务交办于伊里布（时任云南巡抚，而非总督），若是这样，王崧离开主纂岗位的时间会更早一点，李诚承担的工作量又会更大一些。不过，这只是推测而已。

下面再介绍一下（道光）《云南通志》的特点或言是高妙之处。这部（道光）《云南通志》，阮元认为尚有待改进，定名为《云南通志稿》。云南学界一般加道光二字，称为“道光《云南通志》，又简称《阮志》。”

（道光）《云南通志》计216卷。下面，列叙各“方家”之评断。在省外学者看来，此志“实宝书也”——这是清儒王先谦的用词。研究阮元的安徽籍当代学者钟玉发先生认为：（道光）《云南通志》：

其中卷首为“诏谕”“圣制”，以下内容依序为天文志、地理志、建置志、食货志、学校志、祠祀志、武备志、秩官、选举、人物、南蛮、艺文以及杂记，其记事上起秦汉、下讫当代，是云南第一部最详尽的通志。

（《阮元学术思想研究》第169页）

接着钟玉发先生又列述该志的4个特点，即：1.引征严谨，考订精详。2.重视民生日用之事。3.增入漏列者，删削误入及悠谬之说（本书作者按：此条，当为王崧及其门生杜允中之功居大）。4.更正讹误者。5.重视边防，单列“南蛮”一志。钟先生研究成果入精微之境。只是第5条，还可商榷。

前面，笔者已提到江苏学者郭明道先生认为，（道光）《云南通志》有4大特点，于此不再引述。郭明道先生所论甚精妙。

当代云南文献学界认为：

“……是志分量较前修云南志书大增，内容十分丰富，其体例整齐，取材详略适当，在明清两代所修10种《云南通志》中算是修得最好的一部。”

（《历代昆明地方文献述评》第134~435页）

云南省图书馆方家于《云南地方文献概况》一书中对道光《云南通志》的评价是：

> 本书最难能可贵的是，在该志中增加了“记载滇人著述之书”和“记载滇事之书”两个部分，使该志在云南史料中更具“历史文物性，学术资料性、艺术代表性”。
>
> （李友仁主编，何永新、王水乔副主编《云南地方文献概况》第69页）

云南方家此评具真知灼见。史载以王崧、师范等为首的滇中鸿儒一直在为振兴滇文化而奋斗不已，出自热爱云南的衷心，他们曾倡导建立云南自己的学派——滇学，这是令云南文士们十分振奋的事情。建立“滇学”，其实就是往昔云南文化先贤的“云南梦”，由王崧主持的（道光）《云南通志》，强调“记载滇人著述之书”和“记载滇事之书”，显现云南文人的大略大图，自在情理之中。回顾王崧的学术生涯及对云南文化的最大贡献，尤在文献编汇、保存、研究方面，除编修（道光）《云南通志》之外，他尚有《云南备征志》《道光云南志钞》《说纬》《乐山集》《乐山制艺》等著作，为滇人著述之书增加了学述分量，尤其是《云南备征志》《道光云南志钞》更是记载“滇事”最有价值的书。王崧的《云南备征志》的刊行，得到阮元、伊里布的支持帮助，这已成为清代流传至今的文苑美谈。当他们看到《云南备征志》书稿后曾说："此滇南大典故也，盍取局中经费，先为付梓，以沾溉滇多士。"（见《云南备征志弁言》道光十一年（1831年）查林先生文）。

又见《新纂云南通志》记载阮元与王崧对话的一则史事也颇令人感动，其文大意可作如下转述：阮元为王崧的"座主"（科举考试的老师），后来总制滇黔，一次曾对王崧说，云南四川接界，在古人眼中，都是所谓僻远之地，而四川却出了个司马相如（笔者顺述，两司马即司马迁、司马相如，曾入云南公干。大学者晋宁方树梅认为他们是最早开启云南文化的人物。这一说法可见《新纂云南通志》第5册第10页）以文学的成就名冠当时，并以著作传世，云南为什么就没有这样的人，这样的著作呢?

阮元之语，断无恶意，他对云南是有感情的，希望云南出文化人才，出文化大著。他的话，对王崧这样乡情浓郁的人，自然会大有触动。史料称，王崧当时就告诉阮元，杜允中便是一个很有才气的人，是可比外省文人的希望之星。可惜，我们于前文指证杜允中夭亡于31岁上。现在还是回到正题上来说，正是因为（道光）《云南通志》强调收录滇书，记载滇事，在编纂者们的大力蒐集之下，一大批关乎云南的著作、史事悉尽网罗于（道光）《云南通志》之中去，使她具有云南文化宝库的品相，史料价值，文化品位，自然不俗；地方特点，民族特色尤其浓郁。

关于民族特色，云南省图书馆方家有如下评说：

“该书还新增了“种人志”，且图文并茂，为后人研究云南少数民族发展历史提供了详实可靠的史料依据，云南省图书馆图书藏有道光十五年（1835年）云南刻本。”

（李友仁主编，何永新、王水乔副主编《云南地方文献概说》第69页）

云南方家的评断，大约因为植根本地，资料熟悉，研究更为深入一些，见解不俗，颇为独到。如阮元这样以天下国家为担当的人，强调治学“实事求是”经世致用的云贵总督，处官于云南这样的多民族省份，他在修志中加强“种人”的录述，“且图文并茂”，决非一时之念，也是他作为国家干才的一种远见。

为了编写本书，我们特意查阅了云南美术出版社出版的精品图书《清代滇黔民族图谱》，共两辑，一为原《云南种人图说》部分，一为原《金筑百苗图》，开卷之时，真是眼睛一亮，感动不已。说是眼睛一亮，是因为这些表现清代西南少数民族生产、生活的图画，很有些原生态的味道，十分珍贵；说是感动，既为古代的先贤们，亦为当代的文献界、出版界的同仁贤达们所感动，他们悉心传承文化，功在千秋。《清代滇黔图谱》之《云南种人图说》与《阮志》收录的少数民族图画有同宗同脉的亲缘关系，它们的“父本”皆为《伯麟图说》，伯麟即清代嘉庆时任云贵总督的伯麟，是他延聘昆明著明画家李沽，以明代即可见的稀世原刻印本《云南诸夷图》（我们且妮称之为“祖本”）为蓝本“编绘插成《伯麟图说》一书”，《阮志》在编写过程中，就是采用了《伯麟图说》中的图画，才使得它的《种人志》部分变得图文并茂起来的。而于清光绪年间，又由《伯麟图说》衍生出《云南种人图说》。对此，云南著名文献学前辈李孝友先生曾有所研究。于（道光）《云南通志》引用《伯麟图说》事，李孝友先生云：

> “清阮元等修的（道光）《云南通志·南蛮志·种人》多引《皇清职贡图》《伯麟图说》，共收一百四十种，每种绘有图。”

孝友先生又称“《伯麟图说》早已散佚不存”。这也是颇可解味的一句话。当今社会，经济高速发展，各民族文化融合变异，我们要想看到一点更为接近原汁原味的明清以前的云南少数民族图像，大约也只有从这些史书中去寻觅了。那再过三百年、五百年呢？这些少数民族图谱当更为凸现高古真实的韵味。伯麟、阮元善图之功大矣。

我们在述及阮元在（道光）《云南通志》中设置“种人志”的同时，还应提及阮元修志首创的“方言志”的功劳。云南学者中，最早述及此事并以灼见予以高评的是林超民先生。林超民先生在《新纂云南通志点校本序言》中写道：

> 云南是一个族类众多的省份，各族类有各自的语言，同一族类则“方音互异”。阮元在（道光）《云南通志稿》中首创“方言”一门，运用我国音韵学中传统的“反切”方法，标示云南少数民族语言，这一成功的尝试，不仅开创了云南方志纂修的新门类，也为中国方志史上的一大发明，阮元的“方言”一门，为岑毓英（光绪）《云南通志》、唐炯（光绪）《续云南通志稿》所继承。

（《新纂云南通志》第1册第4页）

林超民先生之评说极有见地。考乾嘉学人之学问，在语言学中多有创造。因为语言学的功底，就是不少乾嘉学人的一大基本功底。这一点，当为元、明学者无法企及。音韵学，也可归类于语言学。作为乾嘉学人的段玉裁先生，更是有清一代的语言学大家。阮元为乾嘉学派的重镇，语言学功底扎实，是他的一大学术优势、治学强项，这一点体现在他训诂学、校勘学、音韵学上的造诣，并用之去“探究语源”（学者张舜微先生语，转述自郭道明《阮元评传》第321页）。阮元关于语言文字的见解是“义从音生，字从音义造”，这是十分精当而有见地的，郭道明教授称之为是阮元的“著名论断”。他把音韵学用于方志编修，是学以为用的必然实践，创设“方言”一门，是他保存云南少数民族语言文化原生态的慧见及贡献。众所周知，云南是中国最重要的少数民族聚集区，又是多种少数民族的发祥地，创设方言，就是保存少数民族语言，就是保护少数民族基本文化特征。

顺便提及，清代方志学的大师，首推乾嘉学派中又一个人物章学诚（1738～1801），他既是奠定清代方志学的人物，又是把这一学术规范推向系统化、完善化的高度的方志大家。虽然，章学诚起初尚不备受称道，但后来为梁启超先生及民国时代各位学术大师众口赞许，逐步引起学术界重视，遂声名大显。袁嘉谷先生认为，章学诚曾为云南尹楚珍赏识，并在《泽缜》中列为滇人识天下大才的一个佳话例证。顺此介绍一下尹楚珍，名尹壮图，楚珍是其字。云南蒙自人，乾隆间进士，官至京畿道监察御史、太仆寺少卿、内阁学士、礼部侍郎，史书称他“名声振动京师”（《新纂云南通志·列传八》），又与钱南园、谷际歧并为清代“鲠直有风节”“正直不回”的人物。袁嘉谷先生乃一代通儒，所言尹章交宜的事，定当有据。阮元也是发现章学诚有特别不同别人之处的，只可惜在章学诚在困厄穷愁之际求助于他时，他并未怎么伸出援手，两位学术大师失去朝夕相处的论学机宜，甚是可惜，但以阮元的研学之广博，可推知，他看到过章学诚的方志学著述，也未曾低看他。阮元在致学者洪亮吉的信中说：

> 会稽有章石斋（石斋为其字—作者）所学与吾辈绝异，而自有一种不可埋殁气象，不知是何路数，足下能定之否？余意此亦一时奇士也。

（陈祖武、朱彤窗《乾嘉学派研究》第463页）

读以上文字，知阮元认为章学诚是一位“不可埋殁”的“奇士”，评价也是颇高的。一位是清代方志学开拓性的学问功勋（章学诚），一位是清代以修《广东修志》《云南通志》打造方志编修标志性“建筑”的实践功勋（阮元）皆与云南有所关联，只可惜，我们在这方面的研究，开掘得很不够。

扯远了，还是回到（道光）《云南通志》的话题上吧。于此，我们可以借用林超民先生使用过的“宝库”“里程碑”二词，说（道光）《云南通志稿》是清代云南修志的一大里程碑，是云南文化历史的一大宝库，虽然，阮元自己倒不肯称之为“志”，而只是称之为“志稿”，说明他对这部志书尚有一些保留性看法，也可理解为他不见得看好这部志书，但他倡修的这部志书的形象早已由自身的内质内涵所铸成，取个什么样的名字已不再重要了。

诗化彩云南

阮元是一位有大诗才的学者、官员。在古代，文人品相，有棋、琴、诗、画之能者为上。会写诗，不只是一种技能、本领，而是人才华高低的又一标杆。中国历朝历代，不乏集诗人、学者、官员于一身的名流、俊杰：曹植、韩愈、苏东坡、李京、杨升庵、龚自珍……无一不如是。

阮元主政云南九年，他热爱云南。诗为心之声，他写出了很多关于云南的好诗。《阮元年谱》记载，道光六年（1826年）9月，阮元到达云贵总督府（地址在今昆明胜利堂一带）“宣园”，看到“亭馆花木之胜，为近廿年历任所未有，老松古梅各数十株”，阮元“颇喜”，于是诗兴便油然而生——“公（即公务）余辄吟息于其中”——吟息——便是吟作诗文以自乐。同年十一月，阮元在云南开化镇阅兵，也写下了一些诗，会同他在广东的行踪，边走边吟，“得诗数十首”。

阮元由广东到云南，有记载云，他不是说，是赴云南或入滇，而是把云南称之为“南诏”，也即道光六年（1826年）前后，云南在阮元的嘴里，还是被称为“南诏”。其实，这只是阮元的一种借代性称谓，他当然知道云南在元代设行省，贵州在明代设行省，叫南诏也好，叫云南也好，他对这块土地没有一丝歧视之意。但在内地人眼中，云贵是神秘而陌生又遥远的，尤其是云南，古代是谪戍之地，被称作“万里云南”，视为“万里避荒”之地。

云南官员刚开始听阮元说到云南时，称之为“南诏”，多少有点紧张，生怕他对云南的了解，还停留在给大唐王朝很下不了台的南诏时代，而把云南视为蛮荒之地，做官的“畏途”。阮元入滇后，对云南的印象那么好，甚至写出关于云南的诗歌华章来，这使云南本地人士放心下来。

阮元写云南的诗，把云南的美丽、丰富、神奇表现得十分充分。而他写云南的诗篇，首先要提到的是《游黑龙潭观唐梅二律》。这首诗，是他在道光七年丁亥（1827年）底，游览昆明黑龙潭而写成的。此二律诗文如下：

千岁梅花千尺潭，春风先到彩云南。
香吹蒙凤龟兹笛，影伴天龙石佛龛。
玉斧曾遭图外划，骊珠常向水中探。
只嗟李杜无题句，不与逋仙季迪谈。

其一律

铁石心肠宋开府，玉冰魂魄古梅花。
边功自坏鲜于手，仙树遂归南诏家。
今日太平多雨露，当年万里隔烟霞。
老龙如见三沧海，试与香林较岁华。

其二律

（周文林、牛霖、任治忠主编《云南古碑精选》第131页）

若是评一下阮元此诗的概貌，这两首诗可称之为咏云南之最高成就者，内容博大，用典精深，词采华茂，唐宋时代的云南史事，借咏梅花而被说得娓娓动人。“香吹蒙凤龟兹笛”及“边功自坏鲜于手”，又“玉斧曾遭图外划”数句，我们便可领略到盎然的诗意，用典故的贴切丰富。仅用典中所含的史料信息，便可衍写成大段大篇的云南史实的生动文章。随便举个例吧：“香吹”一句，大意是南诏王（唐代为云南王）的佛香，袅袅散入龟兹乐队中，那种情景何其神圣壮严，又何等欢乐吉祥……若要加以释注，我们便可联想到唐玄宗开元二十六年、天宝六年、天宝八年、天宝十年、天宝十二年、天宝十三年，以及唐德宗贞元三年、贞元四年、贞元七年、贞元八年、贞元十年、南诏地方王朝与大唐中央王朝的频繁交往。其间唐玄宗将云南王之称号册封南诏。龟兹笛是唐玄宗赐予南诏乐队的一种乐器，可将其列入龟兹乐部之中。而日本人考证龟兹部之器乐计有横笛、短箫、长箫、大觱篥、小觱篥、揩鼓、腰鼓、羯鼓、鸡娄鼓、大铜钹、贝、拍板、方响、短笛等数十种，这在古代，可称是完整民族音乐团了，演奏起来，必是扬悠苍山，声振洱海，足以显摆“云南王”的排场了。这么说，这位唐玄宗还是出手大方的。我们或许还要补注这龟兹乐队的后继材料：到贞元十年六月，唐王朝遣祠部郎中袁滋为“册南诏使”，南诏为他举行了隆重的欢迎仪式，记载这次活动的文字，至今可见，可谓徇烂多姿。南诏王宴请袁特使时，特意安排了龟兹乐队的演出，他意味深长地指给袁滋看，偌大的一个龟兹乐队，仅剩下一个老笛工，一个老歌女，“唯二人在耳”。而这句话暗含的一个妙意即是告诉袁特使，唐皇的赏赐，南诏可是从未忘记；又提醒袁特使联想，唐与南诏的友谊真是历之久长呵，呵呵！您看看，您看看，乐工老的老了，死的死了……请看，诗中所含的元素，你还能说少么？再说“边功”一句，是说云南的事坏在鲜于仲通这个人手上。他是剑南节度使，管着大西南这一片。他有轶事可写电视连续剧，徐嘉瑞先生考证杨贵妃就是他献给皇帝的，这很炫色。这位鲜于仲通节度使绝对不是什么好人，他曾纵容一个很坏的云南太守张虔陀，“辱南诏妻子，又多所征求”，弄得南诏不得不反。南诏议和，即签署停战协议，鲜于又不准许，真是心怀灭亡人家的野心，终于成天宝十年攻南诏之战，唐兵死六万，鲜于只身脱命。战打完了，唐王朝与南诏关系疏远了，因此，“仙树遂归南诏家”，黑龙潭的梅花不再属唐朝，变成南诏家中之物。此为简述，已内容多多，能说阮元此二诗不博大么？

这观梅二律第一律中的开头二句，造语不凡，“千岁梅花千尺潭”意在营造“古老”，暗称黑龙潭梅花为唐时所种，快临千岁，树老成仙（第二律对此梅花干脆以仙树相呼），而黑龙潭是经儒们奉为宝典的《禹贡》所指

"黑水神"祠所在地，也是远古罕存至今的胜迹了。明清诗人们崇尚古老，阮元以古老深邃赞美仙树神潭。

"春风先到彩云南"，此句意蕴无穷，哲理盎然，气势浩逸，激情澎湃，灿烂秀丽。一语既出，即成缄言，偌大中国，唯云南春风先至。从此，一个妙曼的云南别称——彩云南——也横空出世。说是意蕴无穷，因为诗意表达了一个意趣，云南是个好地方，至于怎么个好，您可见事说事，见物说物，随心解读。说是哲理盎然，是因为阮元此句，有古滇人文精神，自信、超迈，愿争一时之春，敢为天下之先。说是气势浩逸，是因为诗句让人有风发泉涌的联想：春风度于古梅之上，泉木莹然于深潭之中……说是激情澎湃，是因为阮元此诗，很不像一个六十几岁，身体当时也不是十分的好，且又惯于在繁华之地为官的老人所写，会以为出自于二三十岁的青年诗人之手。旧时代到云南的人，出塞北的人，总以为是到了闭塞荒凉之地，总不免忧伤淡淡，咏出诸如"春风不度玉门关"之句，动不动给云南加个蛮烟瘴疠的名头……又如古代的诗人们，为了写愁，无愁也要写点愁来；为了写苦，些许些小苦，也要写成苦海无边……以葨葸为美，以哀怨为调，此诗则完全反其格调而行之。

说是灿烂秀丽，是因为诗句让我们看到了彩云之乡的五色蒸蔚，云随风动的情形。那漫天红霞，红得吉祥，彤红如丹砂。云南的云彩，常常被看成是一种神奇的天象，自然间变幻莫穷的大景观。彩云，成为云南诗情画意的象征。清康熙三十四年（1695年），昆明建有彩云楼，被称为滇中第一楼。史书中常有关于彩云初生的记载，这种记载多不胜枚举，如《阮元年谱》曾单独列条记载道光十一年（1831年）“正月初十日，省会五色云现，自辰至巳。次日又见。”历览史料，记载云南彩云的文字，闪亮在目，而能赏彩云神韵的人，不仅有芸芸众生，更多文人“高人韵士”，他们或云彩霞之美，五彩绚烂，“有成赤色者、绯色者，有成赤者，黄、青、灰色者”（罗养儒先生语），变幻无常形，飞渡妙曼；或云彩虹悠长，绕山成罩，护海如带，“一练横空，长逾二三十里”；他们或导天人感应之前说，说是彩云“以仁为上”，红则运数大吉，喜降人间，此说一出，足以牵引人心，连不爱看、不想看彩云的人，也不得不看了。还有人把彩云和昆明的象征物金马碧鸡联系起来了，说是汉武帝时，见云南（当时云南只有县名）碧鸡翔处，红光亮闪，祥云蔚起，就诏告谏议大夫王褒为持节使，求移“金精神马”“缥碧之鸡”，让这类至宝到汉宫去过快活日子，不必在云南这种蛮荒地过苦日子。王褒写过一篇《碧鸡颂》就说到了这件事，他在“移文”（《碧鸡颂》的别称）中倾情呼叫碧鸡“飞兮”“翔兮”，（飞吧，翱翔吧！）“何事南荒也”（不要在云南服务了），不要再“处南之荒”（不要留在云南了）。王褒是一位汉代国家正史有载的名人，他虽是奉命行事，但有夺宝之嫌。他不幸病死于进云南之前，这就给讨厌他想弄走金马碧鸡的人找到了一个出气的机会，有云南文人便写诗讥讽他。那意思嘛——“你知道的！”

王褒的《碧鸡颂》，大才子杨升庵很相信，明代由他刊于西山。云南大才袁嘉谷也相信，称之为“断非赝作”。

还要一提的，由民间创作和文人共同完成的《望夫云》的故事中的云，神韵也极其美丽，那是把云人性化了，云南的云和云南人的忠诚、善良、厚道因人性而链接。

阮元写黑龙潭观梅诗，一百多年来，被人们传诵，一百多字，写出一个大美云南，定格了一个春风先度的吉祥形象，彩绘了一个遍生五色祥云的美丽地方，颂咏云南水平之高，文词之妙，定是前无古人，抑或，五百年中当无来者，若判品此诗为百年云南好诗第一品，谁人会说无理？此时，我们想起元大德年间，乌蒙乌撒道宣慰司副使李京的《初到滇池》：

嫩寒初退雨初晴，
人逐东风马足轻。
天际孤城烟外暗，
云间双塔日边明。
未谙习俗人争笑，
乍听侏离我一惊。
珍重碧鸡山上月，
相随万里更多情。

（彭书贵《昆明旅游手册》第100页）

读此诗中，“未谙”“乍听”一联，知外地人常为初到云南而多有不适，少数民族众多，风俗奇特，语言不通……我们有时想，这个阮元乍到云南怎么会就能做到“自来熟”并喜欢上了云南呢？当然，李京的这首诗，也是高妙绝伦之作。诗中的“珍重碧鸡山上月，相随万里更多情”，句中蕴含的尽是关于云南的情浆爱液，怎么看，都像是一个情商很高的当代诗人的作品，令人过目不忘。实在该建议，热恋中的男女，可把这两句话列入情话宝典，万一暂时分别于碧鸡山内外，可互相赠见。

阮元的另外一首诗《滇南景物》也可细读。

人以缊袍兼伏腊，花无月令开循环。
不是春秋亦佳日，别有天地非人间。

（李根源辑《永昌府文征》诗录第3册1016页）

这首诗，应写于阮元初到云南之时，诗人对云南有一种新奇神秘感，诗情中，多少有点少见多怪的，但正是因为这样，才使云南读者更为感动。第一句说的是云南这个地方三伏天、腊月天的气候是一样的，同样可穿棉袍，这在外省不可想象。第二句说的是，云南的花，四时不断，这花开过那花又放。阮元自注中用了“春花乱开”一词，这个乱字，用的豪放又浪漫，这是说云南的花不必顾及花开的“月令”，想什么时候开就什么时候开，是在叹赏云南花事之盛。而第三句、第四句，他忍不住和盘托出自己对云南的喜爱之情，借气候好、佳日多、无夏之酷热、冬之严寒，得出云南是一个神奇的地方——而非一般的人间。

阮元的诗中，自有一种高古的格调，这就是乾嘉学人因通晓历史、精解古书的文人味道。这种文化气息，由于在诗中加入考、用典、述史的成分而韵味加浓。他的《古哀牢》一诗如下：

万里哀牢外，高秋驻马时。
彩云连百濮，黑水下三危。
元老曾经略，神功屡创垂。
漫言平定易，轻视此西陲。

（李根源辑《永昌府文征》诗录第3册第1015页）

第一、二句，点出他写诗的地点、时间。地点是古哀牢国境内，时间是深秋停止赶路的时候。诗中特指的古哀牢国地在今保山，即古代永昌郡地。汉代哀牢王柳貌率部下内附汉王朝，是西南地区壮丽往事。哀牢王内附之后，东汉明帝永平十二年（公元69年）成立古永昌郡，其地东西三千多里，南北四千多里，幅员广大，覆盖部分东南亚地区，人口位居汉王朝105个蕃国之第二，史称“俾建永昌，同编亿兆。”连班固这样的大文学家都有华美的赋词忘情颂扬。他在《东都赋》中云：“遂绥哀牢，开永昌，春王三朝，会同汉京。”阮元是汉学家，自然知晓这段历史，所以，对这块千年故郡之腹地，特意以哀牢称之。

“彩云连百濮”之句，可谓隽永。阮元念念不忘咏及云南这个地方标志性景物——彩云，以彩云喻云南人地，实则在夸其壮美。百濮是古代多种少数民族的泛称。阮元这句诗后自注云《蜀都赋》：“东有巴宾，绵亘百濮”。用古代名赋之句喻指滇西大地生活着多种少数民族，这自然是精于考据的学者行文风格。整句诗让人联想到，滇西多种少数民族尚生活在一个远古的生态中。而“黑水下三危”之说，是由考中国古代地理名著《禹贡》而来，貌似平谈，实则是阮元集学术、文学于一体的得意之笔。“黑水”“三危”曾引起中国第一流中的一等学者们纷纷论述，哪条江是“黑水”，哪里可称“三危”，各自有所称述，各自有所评断。清高宗乾隆皇帝也参与讨论，阮元也涉及“黑水”“三危”的考据，一时，“黑水”“三危”之辩，成为学术公案，其态势颇为热闹。阮元如此写诗，是有意写出有学术渊源的“诗词”，而使诗歌用语及意蕴不落常套。可以断见，阮元咏成此句，心中自有得意之情。“元老曾经略，神功屡创成”，“元老”不易判读具体所指，但指称先贤们则是无疑，全句讴歌前贤在这块土地上，施展安边惠民的才干方略。“经略”一词，《辞海》中解析为“策划处理”“经略”这样的动词，只与“大事”匹配。

“漫言平定易，轻视此西陲。”又是表面平实，却内涵丰富，寓意深沉之句。阮元写此诗时，所走的路线，与清军平定南明王朝，最后奠定大清王朝一统江山的路线重合。以他的谨慎，他自然不会提到清初大名鼎鼎后来反叛清朝的平西王吴三桂。当年，吴三桂率几十万大军，挥兵西指，成就清王朝平定西陲、大清一统的历史。而后来，吴三桂又被8岁登基、不到20岁时用兵的康熙皇帝给灭掉了。康乾盛世，清军又挥戈滇西，平定缅甸……历史真是波涛滚滚而行呀！阮元知道这段史事，只能对事不对人，只说平定，而不言何人平定。

补述几句，清王朝于乾隆年间倾举国之力，展开平定缅甸的征战，是清史特大事情。哀牢地则是征缅的大本营、后方基地。阮元的伯乐乾隆皇帝十分重视此次征战，他坐镇京师，运筹帷幄，调遣精兵强将，史料均有记载。这位务实的清朝皇帝除坐镇北京指挥外，还时时神驰西陲牵挂征战军务进度，有诗作共42首咏及此事，被李根源主持编写的《永昌府文征》收录。诗中对征战中的将士名、地名、军情、气候，指事入微，了如指掌。有一首诗名《缅甸诗60韵》，写于乾隆三十二年（1767年），可称之为“长诗”。此次征战，清王朝损失总督大员3人、巡抚一人，参赞、领队大臣4人，副都统6人，他们都是高官，列名将相，官品少则三品，顶则一品。清朝的文化巨材如“孙士毅、王昶、赵翼、钱受谷、赵文哲、王文治、王日杏”都曾为高参、幕僚、文胆参与其事。说他们是文化巨材，不是乱用词，如：王昶是乾嘉巨擘，书院宗师，诗文金石大家，官至刑部右侍郎；王文治“探花”，被评者尊为有清一代功力最好的大书法家；赵翼，科场考试原定为状元，后被挤下当了探花，为大诗人，乾嘉学者。在日本学界，他是中国十大史学家之一，名追司马迁（此处参考、使用了陈祖武、朱彤窗两先生《乾嘉学派研究》一书之评断。）所以，阮元诗指，暗有含意。调动这多人才，这多兵力平定西陲，自是不易。他写的《渡澜沧江铁索桥》，也呈现出他将考据成果移植于诗文中的妙用。全诗如下：

宸翰仰高楼，飞桥祭武侯。
金绳横水上，铁索锁山头。
险是天成堑，行如浪颤舟。
西南一线通，走遍禹梁州。

（李根源辑《永昌府文征》诗录第3册1015页）

诗的末尾两句：“西南一线通，走遍禹梁州。”前句说的是中国最古老的铁索桥——澜沧江铁索桥。宏观之下，此桥细如一线，穿缀江之两岸，颇为惊险，真如江壁题书，是“天南锁钥”，但就是这座沉沉一线江桥，贯通了边疆与内地，才使人们“走遍禹梁州”成为现实。他说的禹梁州，是中国别称“九州”中之一州，但在何处，古代也有很多人说不清楚，阮元则清楚明白地告诉人们，我考证了，此州即在云南，是《禹贡》这部古代宝典所说的极西之地。

阮元的诗中，凝注了一种道德力量。史家指证，阮元官品、人格均属上乘，为官清廉，持正平和，不贪、不色、不嗅，屡有作为，造福于任职之地，关心民瘼，爱护百姓，堪称好官，绝无劣迹现世。文如其人，我们在他的诗歌中，看到他端正吏治、崇尚先贤的表述。

阮元写的《莫言传舍为他人》全诗如下：

莫言传舍为他人，汉郡无如此郡真。
勒石先题古柳貌，引泉应号小兰津。
治功俯首思张翕，政事从头学郑纯。
今日升平同在此，一池秋水十分春。

（李根源辑《永昌府文征》诗录第3册第1015~1016页）

这首诗的第一、二句显现出他热爱云南，推崇云南的情感。在他看来，中国许多地方的“汉代古郡”（汉郡）早就名不符实了，只有眼前的这个汉郡，才称得上是“汉代故郡”。他诗里所称汉郡，就是东汉明帝永平十二年（公元69年）所建的古永昌郡。他自己的诗注里，又发挥了考据才干，证明自已所以要说此郡最真，是因为此郡“府治平畅”，有首府的地理气象，东汉之郡必在此地，这是一真。而“郡名沿东汉至今不改者，此亦为难”，这是第二真。第三四句诗中的提到柳貌，即是东汉明帝时那位带着自己的臣民归附的少数民族王——哀牢王。阮元提出要为他刊立石碑，永垂千秋之名，自是出于对柳貌维护大汉朝国家统一的敬意。此诗的第五、六句提到的张翕、郑纯都是云南汉代贤臣名宦。史书有记。在云南历史上，汉代是又一个起始性开发节点。庄蹻入滇、汉王朝经略云南，都是云南早期历史不可不述的大事。

张翕事略如下：

张翕，字叔阳，巴郡安汉人。永平间，为越嶲太守。政化清平，得夷人和。在郡十七年，卒，夷人爱慕，如丧父母。苏祁叟二百余人，斋牛羊送丧，至安汉，起坟祭祀。诏书嘉美，立为祠堂。安帝元年初六年，天子以张翕有余爱，乃拜其子湍为太守。夷人喜欢，奉迎道路。曰：“郎君仪貌类我府君。”后，湍颇失民心，有欲叛者，耆老相晓语曰：“当为先府君故。”“遂得以安。

（李春龙审订 · 江燕、文明元、王珏点校《新纂云南通志》第8册第2页）

读这段文字，张翕为越嶲太守，治理一方，达到“政化清平”的效果，人民安居乐业。张翕为官，爱民如子，当地人民爱他，如敬父母，他死后儿子张湍继续当太守，对这位“官二代”，老百姓乐而“奉迎”，因为他样子长得太像他爹了，真是爱乌及乌呀！可惜，张湍后来失去民心，少数民族要攻击官府（即“有欲叛者”），情形危急，就在这时，当地有威望的老人站出来说话：要大家看在老太守张翕面上，就不要攻打官府了……于是，一场官逼民反的骚乱被轻松化解，消弥危机的神器，竟是这位官二代的父亲，张翕留下的无形资产——官声政德。

这则记载很短，文字也平谈，但有惊心动魄的震撼效果。官民鱼水情，把做官做到有实际意义的父母官层面上，千年百载，能有几多?

郑纯的记载如下：

> 郑纯，字长伯，广汉郪（原文如此—笔者注）人，为益州西部都尉。地出金银、琥珀、犀象、翠羽，做此官者皆富及10世。纯独清廉，毫毛不犯，夷貊、君长咸慕，皆献土珍，颂德美。明帝嘉之，乃改西部为永昌郡，以纯为太守。纯与哀牢夷人约，邑豪岁输布贯头衣二领、盐一斗，以为常赋，夷俗安之。在官10年卒，列画颂东观。
>
> （李春龙审订，江燕、文明元、王珏点校《新纂云南通志》第8册第2页）

读这段文字，郑纯为官最大特点是“清廉”。他向老百姓征收的官赋很少、很奇特，“布衣二领、盐一斗”—堪称千古奇闻。值得提及的是，郑纯担任的是东汉明帝时中国大郡的太守，范文澜先生《中国通史简编》称，郑纯为官的永昌郡，是汉对外“通商的大城市”，由于出产金银宝货，在这里为官，可以“富及10世”。范文澜先生是中国大历史学家，他说的在永昌为官可“富及10世”的事，多为人认同。如此看来，郑纯在这个“超富”于当时的地方为官10年，清廉自守，没有中贪腐之枪倒下，“夷貊、君长（即少数民族首领）感慕，皆献土珍，颂德美”实在了不起。

阮元在自己的诗中咏及这三位汉代官员，很明显是借历史人物表达了自己在云南做官的理想，这就是如柳貌一样，忠于朝廷；如张翕一样，能安抚百姓；如郑纯一样，廉正职守。大致上，阮元做到了。

阮元的诗歌，是其学术文化的重要成果，研究阮元，也应注意探讨他在这方面的建树。他不仅自己写诗，也曾下很大力气刊刻诗集，保留文人创作的名诗佳制。

阮元的诗歌主要收录于《揅经室集》《揅经室集·续集》中，这是他的两大自著文集，共18卷，有诗近千首。据作家、学者柯平统计，阮元在云南留下的诗有“两百多首”。通论这些诗歌的创作特色，阮元借重乾嘉大儒的学术造诣，把不少诗作写得高古精深；诗中饱含真情实感，皆生发于坦荡胸怀，诗人兴会浩逸酣畅。阮元的云南诗歌，已成他诗作的别样红花，在他妙笔行吟之下，如诗如画的云南脱然而出，用文化改变人们对云南的陋见。

以阮元自己的诗歌创作成就而言，加之他刊刻清代诗人的作品的辑录成果，阮元无疑是清代一大诗家，关于这点，有材料可以证明。据郭明道先生《阮元评传》第408页~409页载，大儒“洪亮吉《江北诗话》称赞阮元的诗如‘金茎残露、色晃朝阳’。”陈文述于《颐道堂文钞》中，称赞阮元诗有“富贵气象，神仙风度，爱民胸襟，非寻章摘句者可及。”又有伍崇曜称阮元的诗“包涵万象，元气淋漓，不沾沾于唐宋界限，而博大精深，清转华妙”“独步当时”。在清人眼中，阮元为诗之高妙，可与唐宋大家白居易、欧阳修比肩。以上，虽有高评之嫌，但大致符合阮元诗歌创作的实际。

遥编《皇清经解》

清朝的龚自珍（1792~1841年，浙江杭州人）与魏源被同称“旷世奇才”，他是阮元的晚辈，又为阮元的忘年友。这位孤傲的才子，在道光三年（1823年）所作《阮尚书年谱第一序》中，以充满激情又十分严谨的文字，评价了阮元为官从政及学术成就的方方面面。其时年，阮元60岁，龚自珍31岁。龚自珍认为阮元的学术成就很高：

公毓性儒风，励精朴学，兼万人之姿，宣六

艺之奥。

（《龚自珍全集》第225页）

这里说的是朴学，就是汉学、经学。龚自珍接着分说阮元在训诂学、校勘学、目录学、章典制度学、史学、金石学、九数学、文章学、性道学、掌故学十个方面均有特殊建树。又以诗人不拘于常的语言评论他是天上的“文曲星度正”，学问直追汉唐名儒。

除清人之外，我们还看到民国时期多位学术名人盛赞阮元学术成果。连英年早逝，数落起乾嘉学人来骂骂咧咧、毫不客气的学术大才刘师培（1884~1919）也未见他批骂过阮元，反而见其说了不少赞誉阮元之词。

有研究者认为，文人的创作期是有时限的，高峰期一般在10年左右，是不可能做到所谓长盛不衰的。阮元学术研究的高峰期在入云南时，已见衰变，可以说已到“强弩之末”期。或许，我们可以冒昧地认为，阮元在云南学界，受到一点非议，其中一个原因，是否就是人们未曾顾及这一学术年龄盛衰的规律，对他期望过高，而产生误判？

《新纂云南通志·名臣传四·清二·阮元》条有按语云：

阮元抚浙而诂经精舍以兴，督粤而学海堂以

立，其后浙粤人才辈出，功莫大焉。惟督滇10年，对于教育事业，未闻有所建设，此属吾滇一大憾事也。

（李春龙审订，江燕、文明元、王珏点校《新纂云南通志》第8册第57页）

读这段话，先予表彰，笔锋一转，有怨之意也是显然。大约，写按语的人也觉得，阮元在外省，在滇的学术（教育）表现反差太大了，滇人闻知阮元入滇先是报以厚望，继而报予失望。

不过阮元在云南的学术文教之举，还是大有可圈可点之事。查史料，有阮元重视书院建设的记载，主要是给云南两大书院—育材书院、五华书院置办图书事。中国有幅名对联云："黄金非宝书为宝，万事皆空善不空"，置办图书不是区区小事。阮元是以经办书院名满天下的，办书院不外乎三件大事：延聘名儒为老师、访选俊才为学生，置办图书供研修。查阮元置办于育才书院的藏书是：

《十三经注疏校勘记》一部、《经籍纂诂》一部、《汉唐事笺》一部、《曾子注释》一部、《学海堂集》一部。

（按：记载原文如此，未注册数。录自李春

龙、杨名锐《云南史料选编》第977页）

阮元置办于五华书院的藏书是：

《十三经注疏校勘记》一部（50本）、《经籍纂诂》一部（50本）、《汉唐事笺》二部（每部4本）、《曾子注释》二部（每部一本）、《学海堂集》一部。

（李春龙、杨名锐《云南史料选编》第977页）

以上阮元置办的书，学术含量不差。

阮元始于广州终于云南所主持辑刻的《皇清经解》是他的一大学术成果，是这位乾嘉学术重镇光辉粤滇的人生彩虹。《皇清经解》始于道光五年（1825年），成书于道光九年（1829年），而阮元入滇为道光六年（1826年）。

查阅本书与云南有关的记载有多条。道光六年（1826年）六月十三日阮元接到皇帝的“上谕”，调补云南时，其子阮福记载云：

是时，编辑《皇清经解》将一载，已得成书千卷，今欲赴滇，大人将书交付粮道夏公修恕接办，至编辑者，仍严厚民先生也。

（张鉴等《阮元年谱》第153页）

这条记载说明，1826年阮元调任云贵总督时，《皇清经解》的编辑工作基本完成。这里所说基本完成，是因为阮氏自称《皇清经解》“计卷1400”，现在已经“成书千卷”，则只有近400卷未完成，但这只是“编辑”方面的工作（亦可能实施了少量的印刷工作，即“开雕”，但不确，待考—笔者）。有出版经验的都知道，编辑工作之后，还有两项同样量大，同样复杂的工作，即是校对和付印。校对，古代称为“校雠”；付印，古代称之为刊刻、刷印。与编辑工作相较，校对、印刷，各自至少与编辑工作等量齐观。顺此提及：清代的“校雠”开始从感性认知向理性认知方面发展，其标志是，由于受到了诸如段玉裁、章学程这样的大学者的重视及学术支持，“校雠学”以更加明晰的身影，走进中国文化营垒之中。一般而言，一本书的校雠不应少于三次，最优秀的校雠，不仅要“校异同”，还要“校是非”，得出的结论是：一本书认认真真的“校雠”，其工作量，不小于编辑，如真能享受到高水平的“校雠”，可视之为实施了一次后补状态的编辑。于古人而言，由于印刷术要“雕板”，即制作已编定书稿的模板，是手工制作，印刷书页，也要人工一张张“印刷”，出工之繁杂可以想见。从这点讲，“印刷”的工作量与编辑的工作量，真不好说谁大谁小。由于编辑工作只算是大半已完成，还有待“校雠”和印刷，即将离开广东的阮元很是为之挂心，便将此项工作交给了广东粮道夏修恕接办与编书有关的事务，“编辑”之务，则乃由严杰操办。这位严杰（1763～1843）字厚民，号鸥盟，浙江钱唐人，是阮元的弟子，又是其幕僚，曾任阮元之女阮安的未婚夫张熙的老师。是阮元在浙江为官时经营过的并任过主讲的诂经精舍的高材生，学养功底很深。

《皇清经解》在阮元入滇之后，可称之是由阮元遥控指挥编辑刊印，一点也不曾放松过，说是他为这部巨著，人在滇南，心系广东，一点也不为过，《阮元年谱》道光九年（1829年）十二月的一条记载足以证明此事。当其时，《皇清经解》于道光四年（1824年）动手编辑，历经五年，才终于刊刻成书，寄到云南。记载如下：

> （《皇清经解》）凡书之应刻与否，大半是邮筒商酌所定。今越五年成书……板藏于粤东省城学海堂中，刷印通行。
>
> （张鉴等《雷塘庵主弟子记卷六》）

这段文字出自于阮元之子阮福之手，诚为可信，时间在阮元入滇后的第3年即道光九年（1829年）。从编辑刊刻的角度讲，话虽简单，但含义不菲。要点有二：

一、《皇清经解》的主编决定权仍在他这位云贵总督的总控之中，这里所说“应刻与否”，是指，拟选入书的内容最后确定，及是否可以开雕印刷。

二、“邮筒商酌”，道出阮元在云南遥控编务大事的事实，但阮元不仅在云南决定“应刻与否”，还修改过文稿。有记载称，《皇清经解》，有夏修恕的一篇序言，由阮元做了修改。阮元之子阮福指证：

> 本朝学问皆实事求是，平实精详，异乎空言高论不求甚解者。此序末数言，乃大人（指阮元。阮福一直称父亲为“大人”“家大人”）所致。

（张鉴等《阮元年谱》第166页）

阮元在云贵总督任上接到《皇清经解》成书，欣慰之情完全可以想见。该书每部1400卷，收录清代自顾炎武以下重要著作180余种，辑录名家74家，装订为30函，足称“书城大观”。文化人被推崇的是：有内涵——“学富五车”，如再有外在的豪富——藏书无算，那便是极致了，中国古人爱书如命。吟化出“书城”这样的一个豪词。清代儒林特别喜欢用“书城高大”“拥书百城”一类浩逸之句，夸赞文人藏书之多。清代有名人伊秉绶联云：“万卷藏书宜子弟，十年种树长风烟”。均说明，清人爱书，已成朝风。据作家柯平先生估计，著作等身，不足以形容阮元著作之丰，他的著作，“有五层楼高”

（见柯平文章《阮元：一代文化巨匠的云南背影》）。《皇清经解》印竣后运到昆明，是阮元的自著之书、编刊之书，垒起来的高度增长至“五层楼高”的一大原因。阮元当时68岁，步入夕阳之年，一抹红云入云南，他的人生真是如彩云南现，大有可观。

现在我们介绍一下《皇清经解》的价值。先说刊刻者对《皇清经解》的评价，可总结如下：第一《皇清经解》高举昌明经学的旗帜，追求“轶于前代”的学术理想，是“校勘剞劂，四载（实为五载）始峻”的巨大文化工程，完成自己总汇大清经学名著宿愿。第二，成为继《十三经注疏》后，发凡丌例的经学“大观”，足供“岭南”以及“各省儒林”“同此披览”（打双引号的文句均录自《阮元年谱》第166页—笔者）。应该说阮元及其弟子们的评价，实事求是，不事夸张，且节制有度。

《皇清经解》在后世的评价更高，归纳各方面学者的论言，可总结有三：

第一，名家大著，启开后学，解经圭臬，后世共宝。第二，力勤劳巨，“成为清代经学、小学的大集结”，保存了优秀的学术文化成果。第三，是阮元60岁后最重大的学术汇编活动，也是清代学术史上闪亮一笔，对乾嘉学派的学术成果，以编辑出版为方式，进行一次定格式的总结。这无疑也是中国学术史上规模最大的一次个人汇编活动，其他比之更大的图书集成汇编，是由皇帝牵头，调动一国之人才及财力而为的。

据钟玉发先生《阮元学术思想研究》第71页所载，《皇清经解》汇编的学术大家共73人，部分名单如下：

“顾炎武、阎若璩、胡渭、万斯大、毛奇龄、全望祖、沈彤、江永、惠栋、卢文昭、庄存与、江声、王鸣盛、钱大昕、任大椿、邵晋涵、程瑶田、戴震、段玉裁、王念孙、王引之、孔广森、刘台拱、臧庸、张惠言、许宗彦、孙星衍、汪中、阮元、焦循、郝懿行、刘逢禄、胡培翚、李黼平、凌曙等人”均可称乾嘉学术大家，其中不乏学术宗师、国宝级人物，有的《清史稿》中有传。他们的著作，皆有定见，支撑了《皇清经解》的高端文化品位、学术价值。

又见钟玉发先生列述，后世学者李元度、李慈铭、罗振玉，皆有赞于此书，或谓从书中“实能洞辟奥窔”，或谓从书中“始知经义中有宏深美奥”，或谓从书中“得读书门径”。

《皇清经解》虽然是阮元学术生涯中一大里程碑式的著述汇刻，但也存在瑕疵，主要是差错率不低，这大约是“校雠”不严引起。再者，该书名头甚大，为清代儒生奉读，再不起眼的差错，也难逃那些读书如煮书的儒林书虫的法眼，以致有人统计发现，可勘误之处达4000处许。若以现实的出版标准评判，尚属合格。不过，还是令人遗憾。我们前面提到，本来清人是很重视“校雠”的，大约理论与实践尚不同步。

在滇金石考

阮元除在经学方面成就巨大之外，还是清朝历史上有所建树的金石学家、书法理论家、书法家。

何谓金石学？《辞海》的解释就是“中国考古学的前身。研究对象主要是铜器和石刻。”但金石家们对“金”的识见，不仅局限于铜，广及钟鼎、兵器、量度、钱币、玺印、镜鉴及其他杂物等一切非铜之古代金属物。金石家们也会涉及砖瓦、陶器、书画、印玺等的考释。

北宋时，中国的金石家学就颇兴盛，著名女词人李清照的夫君赵明诚（1081～1129）就是一位大金石家。李清照为赵明诚主持编著的《金石录》写的一篇序文是千古佳制，收录于中国多种文集中。

金石家是古代文人崇尚的一种学问，也是文人学品的又一标注。优秀的金石学家，往往又是文字、文学、历史、书画方面的翘楚。这是因为金石研究需要多种学力功底做支撑。文化名人欧阳修、毕沅、顾炎武、龚自珍、翁方纲、钱大昕、李根源、郭沫若……都身兼金石研究大家之美名。

阮元在督云贵两广之前，金石学成就巨大，任山东学政时，与山东巡抚毕沅合作，收集山东金石数千种，编印《山左金石志》（计24卷）。后来，收集两浙金石千余种，编就《两浙金石志》（计18卷），再以“积吉金拓本五百余种”编就《集古斋钟鼎款识》（计10卷），此外，还有7件金石方面的重大成果，尚可一述，于此不录，因限于篇幅。这10件大事，件件在清代留下学术踪迹，他自己也是颇为以此而自重的，他曾在《金石十记》中述及此事。

阮元在书法方面，也是一个开境界的人。阮元的书法，历来为世所重。而阮元在书法界上，最为彰显的是，他写出持论一新的两篇文章《南北书派论》《北碑南帖论》，震动清代书法界，其主旨是在肯定北魏书法在中国书法史上的伟大成就及历史地位，又是一种启变清代书风流变的先哲之声。阮元认为，北碑南帖，“同源而异流，同居书法正宗地位”，这实际就为中国书法史上长期的“帖学”为独尊的事实，提出变革性的意见。接过阮元论见并大有阐发的学者有包世臣、康有为，他们均学养至深、学力巨大，言词灿烂，口舌动人，晚清一时之下，碑学大倡。一股“卑唐”之风也即重新审视唐人书法至尊价值的风气，顺时而生，认为唐人书法是名声不好的“馆阁体”“台阁体”的祖先，有著名书法家以“不著唐楷一笔”为自诩。唐人书源为“二王”，即王曦之、王献之两位书坛伟人，碑学之行，“二王”也被人们重新评价，学书从学“二王”学起的定见时见否定之词。如与阮元关系极好的清代大才龚自珍写了两首诗，一首直接说：“‘二王’只合做奴仆”，意即在碑书面前，“二王”的书法微不足道了；又一诗中直接说：“不肆山阴肆隐居”，意即在东晋书法泰斗王曦之（龚以“山阴”相喻—作者）和北魏书法家郑道昭（龚以“隐居”相喻，郑道昭自称“华阳隐居”—作者）之间，他选书法老师，决定弃王曦之，师从郑道昭。龚自珍自己写过一句诗“高言大论快无加”，他写诗行文，“风发泉涌”，不可一世，出“高言大论”是其风格，只是这位旷世才子此言也过于偏激。

阮元等人提倡碑学的影响，《中国书法通论》称：

> 在阮元、包世臣、康有为等人的大力倡导和鼓吹之下，碑学大行于世，“三尺童子，十室之社，莫不口北碑，写魏体（康有为《广艺舟双楫》）。”碑学取代了帖学成为书坛主流，出现了一大批碑派书家。

（徐利明主编《中国书法通论》第143页）

下面说说阮元在云南一桩与金石、书法有关的事情。众所周知，金石书法史上，云南有两块碑刻走进了天下书家学人的视野，并被视之是名碑现世的盛事。这两块碑，一名《爨龙颜碑》（“高九尺，广四尺五寸，二四行，行四十五字”），俗称《大爨碑》，全名《宋故龙骧将军护镇蛮校尉宁州刺史邛都县侯爨使君之碑》计24字。另一块碑为《爨宝子碑》（高六尺，广二尺五寸，志铭十三行，行三十字，下截题名十三行，行四字，额五行，行三字”），俗称《小爨碑》，全名《晋故振威将军建宁太守爨府君之碑》计15字。这两块碑，前者称之为大，后者称之为小，大小之说，中国定见视之为年长争次，其实《大爨碑》刊刻在后，《小爨碑》刊刻在前，为何称其大小，袁嘉谷先生曰：“以石形别之也。”（以上引文出自《新纂云南通志》第5册第46页、第55页）

这两块碑，相继刊刻距今有1500余年，在中国书法史，金石史上，均有重要位置，俱有一流一等的金石家、书法家盛词赞誉。这是因为这两块碑具有文学价值、书法价值、历史价值，而尤以书法价值、历史价值为高。文学价值于此不述。就历史价值而言，大小爨碑是研究西南少数民族的重要物证，若就“南中历史”的“爨文化时代”，“现在地面上的实物历史资料便只有两块爨碑了（语见曲靖杨莼先生《三碑点校注译》之《前言》）”。往而云南的大学者王乐山、袁树五、方国瑜等，由此生发，对爨文化的母体爨世家进行颇有成果的研究。由于篇幅的原因，我们暂不涉及《小爨碑》，由书法角度，只提及嘉庆道光以来，士林对《大爨碑》的评价。嘉、道以来，于《大爨碑》妙评不断，兹录两家为证。范寿铭认为：《大爨碑》“隽逸之姿”，“盖由分入隶之始，开六朝、唐宋无数法门，魏晋以还，此两碑实书家之鼻祖矣”（录自《新纂云南通志》第5册第63页）。康有为则于《广艺舟双楫》说：“字如昆刀刻玉，但见浑美，布势如精工画人，各有意度，当为隶楷极则。”

云南书法界爱之甚深，称之极高，摹之极勤，且加乡土之情，则自不待说。云南书法家杨莼先生特别指出，“（《大爨碑》）虽无署名，但亦绝不是从外地特邀去的，可见在1600多年前，云南部分地区的文化水平已与中原内地无太大的差别，绝不像人们所想象的那么闭塞落后”（见《三碑点校》注译第86～87页）。杨莼先生这句话，最应引起我们重视的是，他把碑的作者定为云南本土人士，似乎至今未见可称之为过硬的推翻理由。名碑无作者名，为千古奇奥。作者是否为名人？大约在当时还算不上，恐怕只是府君手下一名文士，若为名人，中国名士文化的特点之一，即是凡为已作，必署名号或籍贯，鲜见慎重之作不署名者。由此可推想，作者抑或文名、书名均一般般，但其实这位作者在书法上的成就，就是一个书艺巨匠。那么，就应了中国古代大家颜之推先生的话了——“上士无名”——这是名的最高境界，如“大象无形”“大音希声”一样，令人更加倾慕；也是士的至崇之誉，如不是现职官员而有“山中宰相”之称的散淡高人一样，更有民众威望。

云南民众对《大爨碑》也是有敬畏感的，杨纯先生之大著载：1981年，陆良县有关方面在城内今文化公园修建碑亭，准备迁移该碑，但薛官堡（即碑出土地）害怕“伤了宝气，不许搬迁。”护宝有责，民心可用。

阮元对《大爨碑》书法的赞词如下：

“此碑文体书法皆汉晋正传，求之北地亦不可多得，乃云南第一古石，其永宝护之。”

（李春龙审订，刘景毛、文明元、王珏、李春龙点校《新纂云南通志》第5册第58页）

这句话阮元之子阮福《滇南金石志》有载，原文刻于碑文旁。查《新纂云南通志》，收录此题记，并说明碑末还刻有“道光七年（1827年），知州张浩建亭”一行10字。

由于阮元是清代的文化山斗，他的评断点石成金，有书法巨子的卓识，有方家法言的霸气，天下奉读，一时，人们求购碑拓，研究此碑成为一时之尚。阮元之后，又有一批学术或金石名家紧紧跟上，写出题评。名家嘉许，众口叫好，《大爨碑》佳名满天下。《新纂云南通志》载：以题跋赞碑的学人“先后已十数家，桂未谷、陆绍闻、阮赐卿、洪筠轩、陆星农、黄笛楼、范鼎卿诸家所说尤精。”应该说，正是有了阮元这样的地位、身份、学术影响，《大爨碑》于沉寂千年后，才大显于世。假设没有阮元，《大爨碑》何时扬名夺世，真不好说会有什么结果。但是问题也随之而来了，可以借用当今时俗的话：阮元躺着也中枪，继改大观楼长联后又再度受伤。这是因为在多位名家的跋断之中，特别是省外名家，或因信息不灵，或因探究不细，你说一句，我接一句，出现盲从效应，把《大爨碑》说成是阮元首先发现的，诸如：

> “会稽李慈铭《跋》曰：碑在云南曲靖府陆凉州之东南二十里贞元堡（即薛官堡—作者注）。道光初，阮文达（即阮元）总督云贵，始于荒阜上得之，因履以亭，为之题识，今闻其亭已毁，碑亦仆矣。”
>
> （李春龙审订，刘景毛、文明元、王珏、李春龙点校《新纂云南通志》第5册第62页）

显然，这则文字有谬指之处——阮元“始于荒阜上得之”，再加上阮元于碑上的题词有“云南第一古石”一句，留下学术瑕疵——这就引起诸多学人的不满，遭致非议，可以称作是阮元又中枪了。说他是躺着也中枪，这是因为他有“文达”的称号时，他已不在世。查阅史料，道光二十九年已酉（1849年）十月十三日，阮元时年86岁去世。同年十一月廿六日，“内阁奏已故大学士阮元，请加谥号，旨赏文达（此文达谥号的时间《阮元年谱》第219页有载）”。随着《大爨碑》妙名广传，人们对到底是谁发现了《大爨碑》的考定也就越来越认真。学者们发现，最早录记《大爨碑》的是云南早期志书《云南志略》，作者为元代乌蒙乌撒道宣慰司副使李京，是一位对云南文化有开拓性贡献的学者。在元明两朝，有多种文献对《大爨碑》有所记录。到清初康熙、雍正两朝两修《云南通志》，对《大爨碑》无载。清嘉庆朝山东桂未谷，云南（保山）袁文揆均提到该碑。这么说，《大爨碑》的发现，均早于道光年间到云南任职的阮元。于是，不少学者便纷纷站出来指证事实，公允之中，也难免带点情绪。还有学人，于文章中指证阮元之子阮赐卿把该碑之碑额字体说错了。不了解事实真相过程的人，一头雾水，以为是阮元笑纳了《大爨碑》的发现权，是不是想贪功求名？这便使阮元在指证议论中成为无辜的受非议者，连他的儿子也有所涉及。应该说，这种对阮元不满的情绪也蔓延省外，时间甚长。如在一本某省当代书法专集中，注解者还特意强调一句《大爨碑》不是阮元发现的，用语之突兀，令人视之为是一种警示，很容易引人朝阮元是不是冒认了《大爨碑》发现权这方面去误想。

细查史料，阮元考定中国古代器物，涉及云南而入其法眼者，另有多件。

一件是“永建元年洗”，这是一件汉代铜器，古代盥洗器皿。阮元查出：“永建元年，是东汉顺帝之元年也”，即公元126年。器皿上刻“永建元年朱提造”七字，阮元出自深厚的文字学养，考定“朱提”即“朱提”，古代读为“朱匙”，“提”即“匙字”，乃“匙”字之别写，“提”字是手旁，为何写成木旁的“提”字，这是因为“隶书手旁与木旁往多乱也”，阮元还考证出“《汉志》犍为郡有朱提县”。

一件是“汉安二年洗”，为东汉顺帝汉安二年制造的古代铜制盥洗器皿。时在公元143年。上有“汉安二年朱楻堂狼造”九字。阮元考定要义有二，一是说清器物铭词，为何“朱（提）”二字后还加“堂狼”，点出两个云贵古代重要地名的沿革要点（限于篇幅，此沿革不详述—作者）。二是指说云贵产铜“由来已久”“特佳”，云贵铜器“为最”。于此提一句，因为作者是云南人，因为云南人乡情浓，阮元在考证中夸云南的铜好，这话，我们云南人爱听。阮元的此则考订，彰显了汉学家的看家本事，区区一物，寥寥九字旁征博引，又是《后汉书·郡国志》，又是《汉书·食货志》，又是《禹贡》。把中国古代的名著搬出来，以佐其论，顺便，还给两位汉代大儒韦昭、郭璞打了一巴掌，说他们认错一个字，把“璆”当做“镠”。这体现了这位乾嘉学人的风格，考一字如识学术战阵中千兵百将一样慎重。有一个词“实事求是”风行于我们当今社会。但一百多年前的阮元，也动不动把这个词奉为行为指南，且时时挂在嘴上。大约，这也可以解释他在训诂、考据方面那么认真的原因吧！

阮元的考定，还涉及他入滇后第四年出土的一批“铜刀”，计24件，为兵器，“约长二尺，如刀而宽，其首回屈如钩，亦铦，钩内外皆有刃，其下有柄，柄之椭圆牝，予定为双钩”（李春龙审订，刘景毛、文明元、王珏、李春龙点校《新纂云南通志》第5册第39页）。这批兵器的发现，应该是云南的一大重要考古成果。阮元根据又一汉代大学者杨（又为扬）雄《方言》查出了这批古铜刀的制作记载，竟是诸葛亮这位蜀中贤相指使铸造的，当时，总计铸造数量为“三千”，同时，阮元根据古书《梁书》记载，凭借他深厚的学术知识推断，指出诸葛亮“常有”铸兵器，再把兵器埋在地下的旧事，认为，这批器物成批放在石匣之中，匣盖有“诸葛”二字（可惜匣盖打开即碎烂，诸葛二字没有保留下来），是汉代的器物，定名为“汉钩”，后来，他又干脆定名为“诸葛钩”。以上所述考定事略，见诸阮元《诸葛钩考》，（道光）云南通志》有载。

有趣的是，对阮元此考，云南学者又不以为然，于百年后又在《新纂云南通志》加以驳正，说不应该断定为是“诸葛遗物”，还将阮元的定名“诸葛钩”，改为“古铜刀”。这是清代至民国对阮元“学问”“滇人不甚尊尚（王先谦语）”的又一证明，但我们看来，驳正有道理，但不见得正确，因为就书而论物的痕迹太明显，应该是就物而论物更好，比如，我们云南的学长们就没有拿出令人信服的证据证明装放文物的那个“匣盖”到底有没有“诸葛”字形，这才是证明这批器物是否为诸葛所造的关键。

阮元对云南古代器物的考定，历史功绩不会湮灭，概述如下：

第一，阮元考证云南文物事，有的载于他在外省任职的著述《积古斋钟鼎彝器款》中，有的收入云南图书之中，这是中国一流的大金石家对云南古物考证的最早实践，是云南考古史上闪亮的一笔。学术文化名人事滇尤其在民国以前，价值、影响别样。前文已提到如汉代司马迁、司马相如两位大文化名人于公元前110及109年两年依次入滇公干，明代杨升庵、徐宏祖、徐有贞等流寓或采访云南，前文也已提到清代也有多位文化名人入滇……千多年也就这么寥寥十数起，（民国时西南联大在昆明成立，大量文化名人入滇，于此不述），我们会为之感到格外有趣，并以此为滇史之荣。

第二，云南历史旷远奇特，可惜远古、中古记载并不那么宏富，最能补阙此事的便是出土文物及相关考定。阮元是统领一方的大吏，他热心考古的行为，对下属及儒林文士、芸芸百姓均会有所影响，以身垂范。

清代以后，云南发现了许多文物，均受到知识界的重视及普通老百姓的保护，这种护惜文物的风气，自然不会是一时之兴。抑或，我们应该想到阮元？

阮元到云南，其爱子阮福同行，相伴左右。阮福，号赐卿，官至户部郎中（查阮元家室，原配江夫人去世，又娶孔璐华为继室。共纳妾刘文如、谢雪、唐庆云3人。阮元生子女当不少于5人。阮福属其第三子，为妾谢雪所生）。阮福曾著金石学专著《滇南古金石录》一卷，编于《小琅环丛记》一书中。古代称滇南，跟现在所言之滇南含义不同，古代滇南即云南。阮福这一书涉及云南全省古代文物。对考证云南著名文物如《大爨碑》

《小爨碑》《南昭德化碑》，以及崇圣寺砖款、王莽货币、大理塔砖等均有所贡献。阮福述云南普洱茶的几句话，如今成了云南茶界的宝典。阮福十分敬重自己的父亲，著文常以“家大人”称阮元，阮福研究云南金石，受父亲指导和帮助自是不少，阮福对云南金石考古的成绩、贡献，与阮元这位学术导师密切相关。

阮元在云南的考古考据学术活动，另一桩大事，即是他参加了“黑水”“三危”的考辩，并写出《云南黑水图考》一文。

“黑水”“三危”两词，出自中国古代最早的地理著作《禹贡》，《禹贡》为《尚书》中的一篇。《尚书》《禹贡》，被汉学经儒们奉为书中珍宝，仰之如书类北斗，璀璨明亮。后人研究校释者甚众。

“黑水”是一条江的古名。这条江，为何称“黑水”？“黑水”在什么地方，源头终止于何处？由于古人过分惜字，以致记载过于粗略，让后世学界伤透脑筋。“三危”是一个地理区划的古称，为何称“三危”，又具体在何处，同样也让人莫可轻从。

“黑水”“三危”的考辩，不妨称之为是云南学术史上一大景观，《禹贡》学术气象中一道美丽的彩虹。其实，这场惊动甚大的考辩，围绕着争论不休的只是两句经文：第一句“华阳黑水惟梁州”。第二句“导黑水，至于三危，入于南海。”

这两句经文，实际上是中国古代先贤，代表皇权筹划国家地理的先声，从学术上指证中国古代西南地理区划及江山归属。在我们当今随处可见的中国地图册集编定之前，哪块土地属于你，哪条江、哪座山属于你，可是一件马虎不得的大事，尤其是云南这样的边陲大省，弄不清江山走向，州府沿革，尚可再讨论，但若不加指认归属或说错了归属，岂不误事？

说得更直一点，便是这场考辩，直接涉及古代云南的地理归属问题，从学术上理清古代云南与中原王朝的地理渊源的问题。其中三个问题必须说清，第一，中国古代有九州，云南属哪一州？第二，云南的三条大“水”，金沙江、怒江、澜沧江，“黑水”到底是哪一江？第三，“三危”，有人说是这里，有人说是那里，到底在哪里？因此，这场争论的另一意趣是：普及了古代云南的地理知识。或许由于山川阻隔，讯息闭塞，古人的关于云南地理知识我们不得不认为还是很欠缺的，甚至，连朱熹这样的旷代学术大师也出过错误。据学者张机指正，朱熹曾说过：“天下有三大水，曰黄河，曰长江，曰鸭绿江。”——这无疑说得不对。云南的“大水”应该比鸭绿江大。张机又接着解释，朱熹弄错了，也怪不得他，“宋挥玉斧”，云南已在“划”外。南小宋朝廷又偏安江南一隅，朱熹又从何知道比鸭绿江还长还广的江呢？张机的话里含着讥讽之意。这足以说明古代云南也真应该加强地理知识的宣传，让人们知道云南有很大、很长的江。

查阅资料，宋明两朝，研究《禹贡》的学者不乏其人。清代，学者们立足云南，研究《禹贡》则更加细致、深入、广泛地讨论云南在九州的实境以及“黑水”“三危”的归指，形成一个高潮。初观一下，涉及此讨论和直接参与此讨论的明清学者有杨升庵、李元阳、张机、周文安、黄贞元、史秉信、阙祯兆、冯甦、王思训、赵金声、梁启超等多人，有的学者，尚未于此列名。提及他们，是因为笔者看过他们的相关文字。另有皇帝一人，即清圣祖也应该提到。

梁启超论述过古代云南（云南行省之称确立于元代，上溯多不称）在九州中的归属。梁启超《禹贡九州》一文中指出，中国夏代说起的九州，“以今地确指颇非易，古今学者聚讼不一……”他认为“云南全省”“皆为梁城”，就是说中国夏代所称九州：冀州、兖州、青州、徐州、扬州、荆州、豫州、梁州、雍州，云南是古梁州之地。——这与阮元的看法一致。阮元在《云南黑水图考》中说：“故梁州之域，必远包滇池黑水以南，始今合经文”（李春龙、刘景毛《正续云南备征志精选点校》第458页）。更值得一提的是，清圣祖即康熙皇帝著文《澜潞诸江考》中说：“朕于地理，从幼留心”，他认为“禹贡之黑水，今所谓云南潞江也。”

阮元参与“黑水”“三危”的辩论考定，为此次地理学案增加了极为浓重的一笔，是是非非，由后人评判。阮元和他同时代的其他大师一样，把研究经学同为现世服务结合起来，即强调“经世致用”的思想，他在考辩“黑水”归指之后，由古而今，由经文而入现实，又写下如下一段文字：

> “又滇省城东北十余里有黑龙潭，潭上有龙王庙（唐梅在庙东坡上），此潭庙甚古，莫知其始。《汉书·地理志》滇池县有黑水词，余谓今滇池上之黑龙潭庙，非即古华阳黑水之黑水祠欤？”
>
> （李春龙、刘景毛《正续云南备征志精选点校》第458页）

读这段文字，有两个词色彩鲜亮，一是“黑水祠”，（阮元又称“神祠”，即黑水神祠）。二是“唐梅”，从他这位云贵总督、大学者口中认定昆明这两件古远之物，真是对云南用心精微，再加上他的诗作《游黑龙潭看唐梅二律》（笔者按，云南文人下笔，此二律有多种诗题，现查，以此为准。）诗，云南的高古形象又添一说，昆明黑龙潭及唐梅更加出名，至今他的诗刻尚在黑龙潭，当为游人所必观之文化景观。

苍洱情深《石画记》

不少人认为，金庸先生是一位对云南大理的宣传有贡献的人，故大理市政府曾授予他大理市金钥匙。在我们看来，阮元是一位钟情于大理的学术大家，同样是一位有功于大理宣传事宜的人。大理市也应补授他一把金钥匙。

查阮元的一本著作，名叫《石画记》,多种云南地方志书有提及，可惜不够详尽，很容易被人忽略。这本书由（大理）石入画，是专门谈大理石画制作的。中国古代有许多文化人酷爱石头，赏石、玩石、藏石，竟至痴迷。他们喜爱的石头，有田黄石、鸡血石、和田玉石、蓝田玉石、南红玛瑙、缅甸翡翠石、黄腊石……万方千类，阮元独对大理石情有独钟，而且把一种玩石的雅趣推向了极致，达到了一个盈满诗情画意的文化高度。代阮元著作《石画记》又不是一个匠师技人在讲制作程式的方方面面，而是一部由诗画及石画，由写字、作诗到制石、赏石、画石的文字。它的基本情调，就是中国古代文人雅士，抒发心怀，表达闲情逸致的所谓“雅赏”“清玩”之意趣，但是《石画记》又在无意有意中，宣传了大理石的高妙石品和画意妙趣，营造了一种至今乃觉独特的文化品位。

本书作者除看到了《石画记》正式文本外，又有幸收集到《书法丛刊》2006年第1期，其中，周伯益先生以《舟斋所藏阮元〈石画记〉底稿》为题，著文介绍了《石画记》底稿前所未闻的面貌，足称是独家独门之展示。说是独门展示，是我们看到了一个以“集腋成裘”之法，创作出《石画记》的阮元，看到一个年俸23000多两白银的一品大员，创作时敬惜纸张的有趣之貌。周伯益先生文字如下：

“阮元在任云贵总督时，曾在很多大理石屏上题识，后来将其题识汇编为《石画记》一书，此书有刻本传世。舟斋所收藏的是《石画记》的底稿。但是，这一底稿并不是一般可见的稿本样子，而是将大大小小一百多张纸片粘贴在一本册子上，纸片大者，相当一页稿纸，最小的只有火柴盒贴纸大小，纸张形状，质量不一，有‘文选楼’稿纸，也有从下属公文纸撕下的一角，背面还有安顺官印。其中，既包括题识底稿，也包括备用材料。由于书写时情况不同，字体也不一，从中可见阮元书法多方面的真实面貌，且多有不常见者。”

（文物出版社《书法丛刊·2006.1》第43页）

这段文字透出一个信息，舟斋所收藏底稿应是阮元作品《石画记》的原稿的一个重要部分，这是阮元文物的一大发现，这对阮元研究的专家及爱好者来说，均是一个好消息，因为这批底稿也是从艺术的角度研究阮元的珍贵实物。可惜的是，或许因为我们身处信息爆炸的时代，云南人多不知道此事，故录出。从这段文字，我们还看到一个遵循“敬惜纸片”古训的书生形象，看不到一点身为高官用纸的奢华。这又是另一个话题了。

此段引征文字之后，周伯益先生展示的阮元书法原作印件，大大小小，林林总总，不下260件，件件不事粉饰，率性随笔，妙趣天然，非书法刻意创作，也非诗歌应酬之作，而纯属工作状态的自然之作，虽有草率，也觉可爱，虽有涂改，反觉工整。

从探讨阮元创治大理石画的角度上看，这些文字，归纳其来，有如下方面：第一，盛赞大理石的天生丽质古今无双。第二，以古代诗人的诗意，解读大理石画所蕴含的诗情，第三，以历代画家的技法，描绘大理石的画意。

在人们看来，大理石是上天赐给大理的宝贝，如我这样的人真不知道大理是因石得州府名，还是大理石因州府得石名。据郑凡、张宏文、杨晶三位先生所著《石头相伴的文化》一书第2页载，大理石主要产在点苍山（又名苍山），主要“采石点在三阳峰、兰峰，那里石质细腻，花纹清晰，色泽美丽……”“此外还有雪人峰、应乐峰、小岑峰、阳溪芋地均有出产”。

“……苍山的大理石，大体分为‘彩花石’‘云灰石’‘汉白玉’三类”。阮元当年所具有的大理石知识或许并不如此专业，但大理石之好已入其慧根之中，使他如痴如迷。

阮元由大理石而治石画，何谓石画？从本质上讲，就是大理石上所自然呈现的天然图画，这是非人工之力，非画者之思，而由大理石纹自然衍生的图画。作为阮元这样艺术气质极佳的人，他深知图画要好看，一是看构图，二是看意趣，三是看设色（也即色彩技法，着色之意），大理石画要好，构图、意趣、设色这三者更不可缺。我们在研读他《石画记》原始稿件（作者注：《石画记》成书，有其子参与，而原始稿件，则全系他本人自为），看出了他治大理石画，始终追求的就是这三个方面。

我们这里说“治”，有“从事”之意，为的是有别说成是“绘制”，那是不够准确的，大理石画不可脱离石材色彩纹脉去“绘制”，务求真实，也即不可以造作的心态去经营造假式的石画。若是要说是“制”，也仅仅是在保持原貌的基础上，做些整形，勾连、渲染、加框一类的事情，凸现出画的形貌，营造出画的意境。看得出来，阮元也是始终遵循真实这个治大理石画的基本原则的。追求真实，阮元看重的是大理石的“天生丽质”，只能从石材中得，石材之上品者，有好色彩、好构图、好质料。

于此，我们补说一下阮元对大理石、石画的喜好。出自于对苍山石的喜好，阮元在诗文及书画遗墨中给自己取了“苍山仙人”“石画仙”及“水墨仙”的名字，又取了“苍山画仙”“苍山仙”的名字，其中，自称“苍山仙”之处更多。这颇为浪漫，更是多情。阮元认为，自己身在云南，能有幸欣赏大理石、大理石画，脱俗返仙，快活如仙，真是福分不浅，使自己有时处在“君谟梦中”的诗境之中，有时又生活在“摩诘”的诗情之中。这里说的君谟，是指北宋书法家蔡襄。蔡襄（1012～1067）字君谟，官至端明殿学士，书名极大，为宋四大书法家之一，诗文极佳。在舟斋收藏的《石画记》底稿中阮元粗笔画了山水草图并写诗云：

天际乌云含雨重，
楼前红日照山明。

（文物出版社《书法丛刊·2006·1》第55页）

他于诗后题写云：“此君谟梦中诗也。轼。”这里所称的“轼”，苏轼（1036～1101），北宋大书法家、诗人，字东坡。应指苏轼，梦中诗，梦中诗境，既雅且贵，实属美妙难得，阮元以之喻大理石画，陶醉在如蔡、苏这样的诗书圣手营造的如梦幻般的诗意中，经他手治的石画，理想境界就是要构建出这样的意蕴。真是阳春白雪呀！

阮元草稿中的一首诗《桂岩转月》，东涂西抹，修改甚勤，亦可视之是因为珍重，才肯如此下功夫反复修改。判读如下：

日夕浮云深，待月犹未得。
金风生桂岩，云淡月转侧。
迟迟吐圆辉，娟娟弄凉色。
谁凭苍山仙，画此斫屏幅。

（文物出版社《书法丛刊·2006·1》第45页）

这是一首意境极为优美的好诗，阮元在诗中许称自己为“苍山仙”，自得之情，不差顽童，而此时，他大约在64至70岁之间，他在《石画记》底稿上的另一首诗《用苏公题王晋卿烟江叠山章韵》，他这里所言苏公，即苏东坡。王晋卿即北宋大画家王诜（字晋卿，1036~1093或1048~1104），与苏东坡善交。这也是一首对大理石充满感情的上品之诗。这是因为他在道光十一年（1831年）68岁时在“舟桥野店”中得到一块大理石，大约因为此石美不胜收，才步大诗人苏东坡之韵诗兴大发。其中有两句为：

我来洱耳八千里，
诗画与石生三缘。

（文物出版社《书法丛刊·2006·1》第71页）

解读起来，这便是俗话中的“三生有幸”的豪华版，老年阮元已把自己的命运与大理石画结合起来，竟成不解之缘。

他写的《题摩诘诗意（于）石画之背》如下：

远松排翠岭，暗水护蓝田。
日脚掛全瀑，云头铺玉烟。
似携辋川去，高隐点苍边。
诗里维摩诘，今为石画仙。

（文物出版社《书法丛刊·2006·1》第45页）

这首诗中的“摩诘”为唐代大诗人王维（701～761年）字摩诘，山西祁县人。晚年参禅信佛，过着半官半隐的田原生活，他在诗、书、画三艺道中，均有造诣。读这首诗，阮元心志近乎隐居高士，颇似已经超然尘凡神仙般快活地隐居在点苍山边，陶醉在王维诗描绘的意境里。

举凡绘画，色彩决定于设色技法，阮元既以大理石治画，也自然十分重视色彩、重视设色技法。他写的一首诗，极富色彩感，这是因为这首诗，其实也就是表达了他是以绘水墨画的技法画设色的，而他的绘画参照书典，即是宋代有名的《宣和画谱》；效仿的画家，即是北宋四大山水画家，一代画僧巨然。全诗如下（书稿中无诗题）：

缥缈莹邱水黑仙，青山白雨叠云烟。

分明又见《宣和》谱，雨脚曾题僧巨然。

（文物出版社《书法丛刊·2006·1》第44页）

请看，“青山”“白雨”，赋写了大理石雅和的颜色。雅和的颜色，应该是大理石妙意天成的基调。说淡而不淡，说浓而不浓；似是有色，又是无色；说是无色，又处处见色；这种“青山”“白雨”之色，其实，就是一种淡雅之美，含蓄之色，是阮元所欣赏的颜色美，因为他认为在宋代的书画宝典——《宣和画谱》才可以看到。《宣和画谱》是中国古代经典画作合集，记载宋徽宗宫廷所藏历代画家二百三十余人作品六千三百余件，大都经宋代大书法家、书画鉴定家米芾鉴定过，可谓都是“道释、人物、宫室、番族、龙鱼、山水、兽畜、花鸟、墨竹、疏果等十门”画作的上乘作品，足以效法之，尊评之。“分明又见《宣和》谱”，暗说他以《宣和画谱》为基准去评审其他画作；而这里说到的巨然是北宋开创“淡墨轻岚”（此词出自中国古代画家《辞典》第37页）一派画风的大师。他的画作“落笔浑然天成，岚气清润，布局天真。”（引文出处同前），这正是与大理石画相谐的格调。

当然，阮元的色彩情趣又是多方面的，在《石画记》中，我们还看到他“著色”构建如“山红涧碧”“红日照山”“彩云南现”“夕阳红树”“翠影红霞”一类石画意境的文字，追求的是一种以红为原色的五色灿烂的效果，表达出他心中深爱的壮丽云南浓郁之美。他在《石画记》草稿中留下这么两句诗：

研侧屏开五色酣，
锦江浪外彩云南。

（文物出版社《书法丛刊·2006·1》第72页）

诗味全凭色彩托出，色彩冲击读者心扉力度之大，自不待言。

我们在研读《石画记》草稿时，看到了阮元旺盛的艺术创造力，有时，简直不像是一个日理万机的“九省疆臣”，一个学富五车的乾嘉大儒，就是一个痴痴迷迷的画者，时时在构思大理石画的画面结构。比如他在一张小纸条上写道：

《宣和画谱》有巨然（前面已注，巨然为宋代著名画家）雨脚图，此石仿之。

（文物出版社《书法丛刊·2006·1》第44页）

很明显，他是在构思一幅与巨然《雨脚图》相类似的大理石画（他多次提到巨然，提及巨然的“雨脚”）。阮元在另一张纸上又写道：

> 点苍山中峰之西，有雪人峰，四时皆雪，秋月犹佳，每当晓云初揭，雪糁绿岩，旭日渐开，霞明玉岫。——此石能自画，画工不能也。

（文物出版社《书法丛刊·2006·1》第59页）

这段文字，一幅大理石画，构图已很完整，有景有色。有趣的是，他认为自己的构想独到，只能自己去完成，“画工不能也”，看来，这位“石画仙”对艺术创作力自视甚高。

阮元又写道：

> 点苍最南之峰，曰夕阳峰，翠屏东映，红日西沉。——此亦自画也。琅奸阮氏清玩。

（文物出版社《书法丛刊·2006·1》第63页）

这一段文字意趣同上一段，同样表达了自己构思、自己作画的意思，不打算请人完成。如此之例，多不胜举，于此打住。

我们在研读《石画记》草稿时，看到阮元制作大理石画下功夫最多、最佳妙的是大理石画的意境，这是他非凡的艺术灵性的体现，文人雅士式的艺术追求。如果我们试作归纳，第一是高古。中国古代，讲求文化渊源，艺技传承，尤其是在封建士大夫中，视为主流正宗的，必然是从古至今，一脉相袭的文化源流。容不得明清之交的大学者、大书法家傅山所说的“野路子”，容不得自以为是的奇形异色的粗劣之品。在古代书法画作中，讲究韵蕴有来历，笔笔有出处。有轶事可证，《永昌府文征》载，滇南文化巨子张含有一天对谪戍永昌的杨慎讲，自己的书法似乎不学古人也甚好，言情中颇有自得之意。杨慎与张含情同手足，但当即便流露出哂笑，告诉他的好友，不学古人，不足为法。阮元在书画方面，是中国书画艺道正宗的维护者，故他在大理石画中，效法古人，师宗古法的倾向十分明显。在他看来，古代绘画大师是他制作大理石画的表率，他屡次提到，要效仿古代大师名家，他白纸黑字写下，诸如：“仿供谷子”“仿王晋卿”“仿范华原密林法”“仿夏禹玉劈法”“仿夏圭法”“仿关仝简笔，开大廓书法”“仿黄子久著色”“用黄雀山樵法”、仿“巨然中年杰作也”“仿马远团扇”、仿“黄大痴《溪山雨意图》”“仿董北苑云山障子”“仿郭熙”“仿沈石田”“仿唐六如”“仿仇十洲”“仿文衡山”“仿方方壶”“仿辋川著色”“仿小李将军著色”“仿赵鸥波设色”“仿郭河阳”“仿赵千里《桃源图》”“仿吴仲圭画法”“仿曹云西”……（作者注“此处列出的画家名字先后，以《舟斋所藏阮元〈石画记〉底稿》一文出现的名字先后为序，有的，名不同，但为一人。）

阮元于此提到的古代画家，不少是一朝一代的大师，若我们照阮元所罗列之名，顺朝代先后查看一下，知这些画家俱是画名显赫。如顾恺之（346～407）东晋之三绝画家（才绝、画绝、痴绝）画作“四体妍蚩”“传神写照”“六法兼备”。如唐代李思训之子李昭道，世称小李将军。父亲为大李将军，董其昌推其画艺为“北宗之祖”。大小李将军并称于世，技在伯仲之间。如五代之关仝（约907～960间），工画山水，“笔法简劲，气势雄壮，石体坚凝，山峰峭拔，杂树丰茂”。这种“关家山水”（古人称之），引入大理石画，当自得一趣。又如阮元多次提到的北宋画家王晋卿，名王诜（1036～1093），善画“烟江远壑，柳溪渔浦，晴岗绝涧，寒林深谷”其成画意趣，与大理石画的天然风貌已有亲缘之嫌。以王晋卿这样的一代大师为宗，自然不会沦为俗手。限于篇幅，暂介绍于此。

我们十分惊异，为了大理石刻的创制，阮元充分调动了自己中国绘画史上的学养及艺术储存，竟然请出那么多大师“临场神教”，真是神游古今，意驰苍穹，心骛八极，其旨高远，其趣雅逸，其求浩逸。我们今天在创作大理石时，远师前贤，外师造化，中得心源，如阮元这般追求文化气韵，大理石画艺术品相自会提高。或许，我们还应该补注几句，阮元是以书法创作之法来创作石画的。凡是成功的书法巨子，皆异口同声提倡“临帖”，即研习书写古代名家法帖。他在大理石画创治过程中屡屡声明仿这位、仿那位古代名家，也可理解为这是一种临画中“法帖”之为。

第二是赋予大理石画以诗情。他曾写过这样一首诗：

石中有画画中诗，
金粉丹青属阿谁。
觅得唐人好诗句，
宛然花坞夕阳迟。

（文物出版社《书法丛刊·2006·1》第59页）

这就是说，阮元创治大理石画，强调诗情画意的融合，苍山妙石与金石丹青的结合。不过，一般而言，诗情高妙，画意方会超迈。而得高妙诗情，必先仰仗好诗与好诗人。阮元为了创作石画，也请出了一批中国古代一流的诗人。他在《石画记》草稿中，以先后出现的次序排列有杜甫、王维、白居易、杜牧、李贺、苏东坡、李商隐、王昌龄、司空图、韩偓、刘梦得、鱼玄机等多人。（这些诗人，大多读者很熟悉。其中司空图还是唐代开中国诗歌评论境界的大家，著有流传千古的佳作《诗品》，影响百代。鱼玄机是中国才华最高的女诗人，可惜她为情所困，杀了一位被她视为“情敌”的女人，只好偿命，死时也就二十岁。）还有元曲大家、词、赋大家，如陆游、庾信，谢希逸、鲍明远等多人，还有书法家如王羲之、苏东坡、蔡襄、米芾等多人（苏蔡前面已提及）。

上列之人，往往有的既是书法家又是画家，既是诗人，又是词人，才气横溢，身通多种艺道，纵横于多种文艺门类之中，俱有建树。他们的作品，或诗、或词或赋或曲、或书法，意境或清雅、或壮美、或高旷、或深幽，激发阮元赏玩大理石的激情，给予他创作大理石画的灵感。

总述以上，欣赏大理石，创治大理石画，竟和那些烛照千古的大文艺家为伍，“超越”时空而结盟的大概只有阮元一个人吧？从中国艺术殿坛的宝库中，撷取精华，借鉴技法，构建意境，把大理石画的创治弄得如此风生水起而又超凡脱俗的高官兼画师的大概也只有阮元一人吧？他是大理石画的浪漫主义兼现实主义的大师。我们只可惜，王羲之《兰亭序》中所言的：“后之揽者，亦将有感于斯文”的情形，未曾在观读《石画记》的读者中出现，或许，太多的人还不了解《石画记》，或者说难听一点，有许多云南人尚且不知此书。有零星史料让我们有理由推知，阮元这样响动中国的人，他制作的大理石画，经他之手，流传到中原、江南、陇上、京师的一定不少。从这个意义讲，大理石的推介，阮元之功必大。

有史料说，云南的玉石宝石之类，贡奉京师，因为开采、选取、运输，弄得民怨鼎沸，杨升庵、张含均已有诗作抨击，可资查研。大理石画当比宝石、玉石成品沉重，运输也不容易，但已有云南学界先贤在云南文献中感叹，阮元运出大理石时，没有劳民伤财之记载，这种只是追求逸趣而不贪腐的高官，玩物不丧志，玩物不失格，古代真是少之又少了。

最后，我们还是要说，我们在高评阮元创治大理石画时，应指出，从本质上讲，还只是一种文人雅士们津津乐道的“清玩”，亦不宜过头。阮元写过一幅对联，颇精妙有哲理，道出他的心迹——一种平常心态：

深缘定自闲中得，
妙用还从乐处生。

（司惠国、张爱军、王玉孝《名家草书楹联集粹》第82页）

参考文献

《阮元年谱》·[清]张鑑等撰·黄爱平点校·中华书局1995年11月第1版

《云南备征志》·[清]王崧编纂·李春龙点校·云南人民出版社2010年11月第1版

《新纂云南通志》·李春龙审订，牛鸿斌、李春龙、刘景毛、江燕、牛鸿斌、文明元、王珏等点校·云南人民出版社2007年3月第1版

《永昌府文征》·李根源辑·云南美术出版社·晨光出版社2008年9月第2版

《徐嘉瑞全集》·马曜、徐演主编·晨光出版社2008年9月第1版

《阮元评传》·郭明道著·社会科学文献出版社2005年11月第1版

《焦循·阮元评传》·陈居渊著·南京大学出版社2011年4月第1版

《阮元学术思想研究》·钟玉发著·中国社会科学出版社2013年7月第1版

《中国近代史知识手册》·编写组编·中华书局·1980年11月第1版

《正续云南备征志精选点校》·李春龙主编主点、刘景毛

副主编主点·云南民族出版 2000 年 3 月第 1 版

《乾嘉学派研究》·陈祖武、朱彤窗著·河北人民出版社、人民出版社 2011 年 8 月第 1 版

《云南史料选编》·李春龙主编、杨名锐副主编·云南民族出版社 1997 年 12 月第 1 版

《老昆明》·《昆明日报》编·云南人民出版社 1997 年 12 月第 2 版

《龚自珍全集》·[清]龚自珍著·上海人民出版社 1975 年月日月新 1 版

《中国现代学术经典·梁启超卷》·刘梦溪主编·河北教育出版社 1996 年 8 月第 1 版

《中国现代学术经典·钱宾四卷·上》·刘梦溪主编·河北教育出版社 1999 年 3 月第 1 版

《中国现代学术经典·黄侃·刘师培卷》·刘梦溪主编·河北教育出版社 1996 年 8 月第 1 版

《三碑点校注译》杨莼编著·云南教育出版社 1992 年 12 月第 1 版

《舟斋所藏阮元〈石画记〉底稿》·《书法丛刊·总第 89 期·文物出版社 2006 年 1 月出版

《滇代滇黔民族图谱》·云南大学图书馆编·云南美术出版社 2005 年 4 月第 1 版

《中国古代画家辞典》·吴敖木主编、胡文虎副主编·浙江人民出版社 1999 年 8 月第 1 版

《历代昆明地方文献述评》·云南省图书馆地方文献部、昆明市图书馆文献参考部编纂·云南美术出版社

2005 年 8 月第 1 版

《云南地方文献概况》·云南省图书馆编·云南美术出版社 2005 年 12 月第 1 版

《中国书法通论》徐利明主编，黄正明、常汉平副主编·南京大学 2006 年第 1 版

《石头相伴的文化》大理白族自治州地方志办公室、大理市地方志办公室编·云南大学出版 2006 年 11 月第 1 版

《中国近代史话》·夏以溶主编·邓绍辉著·云南人民出版社 2001 年 5 月第 1 版